图书在版编目（CIP）数据

达斡尔语概要 / 丁石庆，郭玲丽著 . — 北京：中国社会科学出版社，2023.6
（内蒙古民族文化通鉴 . 研究系列丛书）

ISBN 978-7-5227-1246-8

Ⅰ . ①达⋯　Ⅱ . ①丁⋯②郭⋯　Ⅲ . ①达斡尔语—研究　Ⅳ . ① H222

中国国家版本馆CIP数据核字（2023）第 021384 号

出 版 人	赵剑英	
责任编辑	宫京蕾	
责任校对	周　昊	
责任印制	郝美娜	

出　　　版	中国社会科学出版社
社　　　址	北京鼓楼西大街甲 158 号
邮　　　编	100720
网　　　址	http: // www. csspw. cn
发 行 部	010-84083685
门 市 部	010-84029450
经　　　销	新华书店及其他书店

印刷装订	北京君升印刷有限公司
版　　　次	2023 年 6 月第 1 版
印　　　次	2023 年 6 月第 1 次印刷

开　　　本	710×1000　1/16
印　　　张	13
插　　　页	2
字　　　数	213 千字
定　　　价	78.00 元

《内蒙古民族文化通鉴》总序

乌 兰

　　"内蒙古民族文化研究建设工程"成果集成——《内蒙古民族文化通鉴》（简称《通鉴》）六大系列数百个子项目的出版物将陆续与学界同仁和广大读者见面了。这是内蒙古民族文化传承保护建设中的一大盛事，也是对中华文化勃兴具有重要意义的一大幸事。借此《通鉴》出版之际，谨以此文献给所有热爱民族文化，坚守民族文化的根脉，为民族文化薪火相传而殚智竭力、辛勤耕耘的人们。

一

　　内蒙古自治区位于祖国北部边疆，土地总面积118.3万平方公里，占中国陆地国土总面积的八分之一，现设9市3盟2个计划单列市，全区共有102个旗县（市、区），自治区首府为呼和浩特。2014年，内蒙古总人口2504.81万，其中蒙古族人口458.45万，汉族人口1957万，包括达斡尔族、鄂温克族、鄂伦春族"三少"自治民族在内的其他少数民族人口88.67万；少数民族人口约占总人口的21.45%，汉族人口占78.15%，是蒙古族实行区域自治、多民族和睦相处的少数民族自治区。内蒙古由东北向西南斜伸，东西直线距离2400公里，南北跨度1700公里，横跨东北、华北、西北三大区，东含大兴安岭，西包阿拉善高原，南有河套、阴山，东南西与8省区毗邻，北与蒙古国、俄罗斯接壤，国境线长达4200公里。内蒙古地处中温带大陆气候区，气温自大兴安岭向东南、西南递增，降水自东南向西北递减，总体上干旱少雨，四季分明，寒暑温差很大。全区地理上大致属蒙古高原南部，从东到西地貌多样，有茂密的森林，广袤的草原，丰富的矿藏，是中国为数不多的资源富集大区。

内蒙古民族文化的主体是自治区主体民族蒙古族的文化，同时也包括达斡尔族、鄂温克族、鄂伦春族等人口较少世居民族多姿多彩的文化和汉族及其他各民族的文化。

"内蒙古"一词源于清代"内札萨克蒙古"，相对于"外扎萨克蒙古"即"外蒙古"。自远古以来，这里就是人类繁衍生息的一片热土。1973年在呼和浩特东北发现的大窑文化，与周口店第一地点的"北京人"属同一时期，距今50万—70万年。1922年在内蒙古伊克昭盟乌审旗萨拉乌苏河发现的河套人及萨拉乌苏文化、1933年在呼伦贝尔扎赉诺尔发现的扎赉诺尔人，分别距今3.5万—5万年和1万—5万年。到了新石器时代，人类不再完全依赖天然食物，而已经能够通过自己的劳动生产食物。随着最后一次冰河期的迅速消退，气候逐渐转暖，原始农业在中国北方地区发展起来。到了公元前6000—5000年，内蒙古东部和西部两个亚文化区先后都有了原始农业。

"红山诸文化"（苏秉琦语）和海生不浪文化的陆续兴起，使原始定居农业逐渐成为主导的经济类型。红山文化庙、坛、冢的建立，把远古时期的祭祀礼仪制度及其规模推进到一个全新的阶段，使其内容空前丰富，形式更加规范。"中华老祖母雕像""中华第一龙""中华第一凤"——这些在中华文明史上具有里程碑意义的象征物就是诞生在内蒙古西辽河流域的红山文化群。红山文化时期的宗教礼仪反映了红山文化时期社会的多层次结构，表明"'产生了植根于公社，又凌驾于公社之上的高一级的社会组织形式'（苏秉琦语——引者注），这已不是一般意义上的新石器时代文化概念所能包容的，文明的曙光已照耀在东亚大地上"[①]

然而，由于公元前5000年和公元前2500年前后，这里的气候出现过几次大的干旱及降温，原始农业在这里已经不再适宜，从而迫使这一地区的原住居民去调整和改变生存方式。夏家店文化下层到上层、朱开沟文化一至五段的变迁遗迹，充分证明了这一点。气候和自然环境的变化、生产力的进一步发展，必然促使这里的人类去寻找更适合当地生态条件、创造具

---

① 田广金、郭素新：《北方文化与匈奴文明》，江苏教育出版社2005年版，第131页。

有更高劳动生产率的生产方式。于是游牧经济、游牧文化诞生了。

历史上的游牧文化区，基本处于北纬40度以北，主要地貌单元包括山脉、高原草原、沙漠，其间又有一些大小河流、淡水咸水湖泊等。处于这一文化带上的蒙古高原现今冬季的平均气温在-10℃—20℃之间，年降雨量在400毫米以下，干燥指数在1.5—2之间。主要植被是各类耐寒的草本植物和灌木。自更新世以来，以有蹄类为主的哺乳动物在这一地区广泛分布。这种生态条件，在当时的生产力水平下，对畜牧业以外的经济类型而言，其制约因素无疑大于有利因素，而选择畜牧、游牧业，不仅是这种生态环境条件下的最佳选择，而且应该说是伟大的发明。比起从前在原始混合型经济中饲养少量家畜的阶段，逐水草而居，"依天地自然之利，养天地自然之物"的游牧生产、生活方式有了质的飞跃。按照人类学家L. 怀特、M. D. 萨赫林斯关于一定文化级差与一定能量控驭能力相对应的理论，一头大型牲畜的生物能是人体生物能的1—5倍，一人足以驾驭数十头牲畜从事工作，可见真正意义上的畜牧、游牧业的生产能力已经与原始农业经济不可同日而语。它表明草原地带的人类对自身生存和环境之间的关系有了全新的认识，智慧和技术使生产力有了大幅提高。

马的驯化不但使人类远距离迁徙游牧成为可能，而且让游牧民族获得了在航海时代和热兵器时代到来之前绝对所向披靡的军事能力。游牧民族是个天然的生产军事合一的聚合体，具有任何其他民族无法比拟的灵活机动性和长距离迁徙的需求与能力。游牧集团的形成和大规模运动，改变了人类历史。欧亚大陆小城邦、小农业公社之间封闭隔绝的状况就此终结，人类社会各个群体之间的大规模交往由此开始，从氏族部落语言向民族语言过渡乃至大语系的形成，都曾有赖于这种大规模运动；不同部落、不同族群开始通婚杂居，民族融合进程明显加速，氏族部族文化融合发展成为一个个特色鲜明的民族文化，这是人类史上的一次历史性进步，这种进步也大大加快了人类文化的整体发展进程。人类历史上的一次划时代的转折——从母权制向父权制的转折也是由"放牧部落"带到农耕部落中去的[①]。

对现今中国北方地区而言，到了公元前1000年左右，游牧人的时期

---

① ［苏］Д. Е. 叶列梅耶夫：《游牧民族在民族史上的作用》，《民族译丛》1987年第5、6期。

业已开始，秦汉之际匈奴完成统一草原的大业，此后的游牧民族虽然经历了许多次的起起伏伏，但总体十分强势，一种前所未有的扩张从亚洲北部，由东向西展开来。于是，被称为"世界历史两极"的定居文明与草原畜牧者和游牧人开始在从长城南北到中亚乃至欧洲东部的广阔地域内进行充分的相互交流。到了"蒙古时代"，一幅中世纪的"加泰罗尼亚世界地图"，如实反映了时代的转换，"世界体系"以"蒙古时代"为开端确立起来，"形成了人类史上版图最大的帝国，亚非欧世界的大部分在海陆两个方向上联系到了一起，出现了可谓'世界的世界化'的非凡景象，从而在政治、经济、文化、商业等各个方面出现了东西交流的空前盛况"。①直到航海时代和热兵器时代到来之后，这种由东向西扩张的总趋势才被西方世界扭转和颠倒。而在长达约两千年的游牧社会历史上，现今的内蒙古地区始终是游牧文化圈的核心区域之一，也是游牧世界与华夏民族、游牧文明与农耕文明碰撞激荡的最前沿地带。

在漫长的历史过程中，广袤的北方大草原曾经是众多民族繁衍生息的家园，他们在与大自然的抗争和自身的生存发展过程中创造了各民族自己的文化，形成了以文化维系起来的人群——民族。草原各民族有些是并存于一个历史时期，毗邻而居或交错居住，有些则分属于不同历史时期，前者被后者更替，后者取代前者，薪尽而火传。但不论属何种情形，各民族文化之间都有一个彼此吸纳、继承、逐渐完成民族文化自身的进化，然后在较长历史时期内稳定发展的过程。比如，秦汉时期的匈奴文化就是当时众多民族部落文化和此前各"戎""狄"文化的集大成。魏晋南北朝时期的鲜卑文化，隋唐时期的突厥文化，宋、辽、金时期的契丹、女真、党项族文化，元代以来的蒙古族文化都是如此。

二

蒙古民族是草原文化的集大成者，蒙古文化是草原文化最具代表性的文化形态，蒙古民族的历史集中反映了历史上草原民族发展变迁的基本

① 《杉山正明谈蒙古帝国："元并非中国王朝"一说对错各半》，《东方早报·上海书评》2014年7月27日。

规律。

有人曾用"蝴蝶效应"比喻13世纪世界历史上的"蒙古风暴"——斡难河畔那一次蝴蝶翅膀的扇动引起周围空气的扰动，能量在连锁传递中不断增强，最终形成席卷亚欧大陆的铁骑风暴。这场风暴是由一位名叫铁木真的蒙古人掀起，他把蒙古从一个部落变成一个民族，于1206年建立了大蒙古汗国。铁木真统一蒙古各部之后，首先废除了氏族和部落世袭贵族的权利，使所有官职归于国家，为蒙古民族的历史进步扫清了重要障碍，并制定了世界上第一部具有宪法意义、包含宪政内容的成文法典，而这部法典要比英国在世界范围内最早制定的宪法性文件早了九年。成吉思汗确立了统治者与普通牧民负同等法律责任、享有同等宗教信仰自由等法律原则，建立了定期人口普查制度，创建了最早的国际邮政体系。

13、14世纪的世界可被称为蒙古时代，成吉思汗缔造的大蒙古国囊括了多半个亚欧版图，发达的邮驿系统将东方的中国文明与西方的地中海文明相连接，两大历史文化首度全面接触，对世界史的影响不可谓不深远。亚欧大陆后来的政治边界划分分明是蒙古帝国的遗产。成吉思汗的扩张和西征，打破了亚欧地区无数个城邦小国、定居部落之间的壁垒阻隔，把亚欧大陆诸文明整合到一个全新的世界秩序之中，因此他被称为"缔造全球化世界的第一人"[1]。1375年出现在西班牙东北部马略卡岛的一幅世界地图——"卡塔拉地图"（又称"加泰罗尼亚地图"，现藏于法国国家图书馆），之所以被称为"划时代的地图"，并非因为它是标明马可·波罗行旅路线的最早地图，而是因为它反映了一个时代的转换。从此，东西方之间的联系和交往变得空前便捷、密切和广泛。造纸、火药、印刷术、指南针——古代中国的这些伟大发明通过蒙古人，最终真正得以在欧洲推广开来；意大利作家但丁、薄伽丘和英国作家乔叟所用的"鞑靼绸""鞑靼布""鞑靼缎"等纺织品名称，英格兰国王指明要的"鞑靼蓝"，还有西语中的许多词汇，都清楚地表明东方文化以蒙古人为中介传播到西方的那段历史；与此同时，蒙古人从中亚细亚、波斯引进许多数学家、工匠和管理人员，以及诸如高粱、棉花等农作物，并将其传播到中国和其他地

---

[1] ［美］杰克·威泽弗德：《成吉思汗与今日世界之形成》，温海清、姚建根译，重庆出版社2014年版，第8页封面。

区，从而培育或杂交出一系列新品种。由此引发的工具、设备、生产工艺的技术革新，其意义当然不可小觑；特别是数学、历法、医学、文学艺术方面的交流与互动，知识和观念的传播、流动，打破了不同文明之间的隔阂，以及对某一文明的偏爱与成见，其结果就是全球文化和世界体系若干核心区的形成。1492年，克里斯托弗·哥伦布说服两位君主，怀揣一部《马可·波罗游记》，信心满满地扬帆远航，为的就是找到元朝的"辽阳省"，重建与蒙古大汗朝廷的海上联系，恢复与之中断的商贸往来。由于蒙古交通体系的瓦解和世界性的瘟疫，他浑然不知此时元朝已经灭亡一百多年，一路漂荡到加勒比海的古巴，无意间发现了"新大陆"。正如美国人类学家、蒙古史学者杰克·威泽弗德所言，在蒙古帝国终结后的很长一段时间内，新的全球文化继续发展，历经几个世纪，变成现代世界体系的基础。这个体系包含早先蒙古人强调的自由商业、开放交通、知识共享、长期政治策略、宗教共存、国际法则和外交豁免。[1]

即使我们以中华文明为本位回望这段历史，同样可以发现蒙古帝国和元朝对我国历史文化久远而深刻的影响。从成吉思汗到忽必烈，历时近百年，元朝缔造了人类历史上版图最大的帝国，结束了唐末以来国家分裂的状况，基本划定了后世中国的疆界；元代实行开放的民族政策，大力促进各民族间的经济文化交流和边疆地区的开发，开创了中华民族多元一体的新格局，确定了中国统一的多民族国家的根本性质；元代推行农商并重政策，"以农桑为急务安业力农"，城市经济贸易繁荣发展，经贸文化与对外交流全面推进，实行多元一体的文化教育政策，科学技术居于世界前列，文学艺术别开生面，开创了一个新纪元；作为发动有史以来最大规模征服战争的军事领袖，成吉思汗和他的继任者把冷兵器时代的战略战术思想、军事艺术推上了当之无愧的巅峰，创造了人类军事史的一系列"第一"、一系列奇迹，为后人留下了极其丰富的精神财富；等等。

统一的蒙古民族的形成是蒙古民族历史上具有划时代意义的时间节点。从此，蒙古民族成为具有世界影响的民族，蒙古文化成为中华文化不可或缺的组成部分。漫长的历史岁月见证了蒙古族人民的智慧，他们在文

---

[1]   ［美］杰克·威泽弗德：《成吉思汗与今日世界之形成》（修订版），温海清、姚建根译，重庆出版社2014年版，第6、260页。

学、史学、天文、地理、医学等诸多领域成就卓然，为中华文明和人类文明的发展做出了不可否认的伟大贡献。

20世纪30年代被郑振铎先生称为"最可注意的伟大的白话文作品"的《蒙古秘史》，不单是蒙古族最古老的历史、文学巨著，也是被联合国教科文组织列为世界名著目录（1989年）的经典，至今依然吸引着世界各国无数的学者、读者；在中国著名的"三大英雄史诗"中，蒙古族的《江格尔》、《格斯尔》（《格萨尔》）就占了两部，它们也是目前世界上已知史诗当中规模最大、篇幅最长、艺术表现力最强的作品之一；蒙古民族一向被称为能歌善舞的民族，马头琴、长调、呼麦被列入世界非物质文化遗产，蒙古族音乐舞蹈成为内蒙古的亮丽名片，风靡全国，感动世界，诠释了音乐不分民族、艺术无国界的真谛；还有传统悠久、特色独具的蒙古族礼仪习俗、信仰禁忌、衣食住行，那些科学简洁而行之有效的生产生活技能、民间知识，那些让人叹为观止的绝艺绝技以及智慧超然且极其宝贵的非物质文化遗产，都是在数千年的游牧生产生活实践中形成和积累起来的，也是与独特的生存环境高度适应的，因而极富生命力。迄今，内蒙古已拥有列入联合国非物质文化遗产名录的项目2项（另有马头琴由蒙古国申报列入名录）、列入国家级名录的81项、自治区及盟市旗县级名录的3844项，各级非遗传承人6442名。其中蒙古族、达斡尔族、鄂温克族、鄂伦春族等内蒙古世居少数民族的非遗项目占了绝大多数。人们或许不熟悉内蒙古三个人口较少民族的文化传统，然而那巧夺天工的达斡尔造型艺术、想象奇特的鄂温克神话传说、栩栩如生的鄂伦春兽皮艺术、闻名遐迩的"三少民族"桦皮文化……这些都是一朝失传则必将遗恨千古的文化瑰宝，我们当倍加珍惜。

内蒙古民族文化当中最具普世意义和现代价值的精神财富，当属其崇尚自然、天人相谐的生态理念、生态文化。游牧，是生态环保型的生产生活方式，是现代以前人类历史上惟一以人与自然和谐共存、友好相处的理念为根本价值取向的生产生活方式。游牧和狩猎，尽管也有与外在自然界相对立的一面，但这是以敬畏、崇尚和尊重大自然为最高原则、以和谐友好为前提的非对抗性对立。因为，牧民、猎人要维持生计，必须有良好的草场、清洁的水源和丰富的猎物，而这一切必须以适度索取、生态环保为条件。因此，有序利用、保护自然，便成为游牧生产方式的最高原则和内在要求。对亚洲北部草原地区而言，人类在无力改造和控制自然环境的条件下，游牧生产方式是维持草畜平衡，使草场及时得到休整、涵养、恢复的自由而能动的最佳选择。我国北方的广大地区尽管数千年来自然生态环境相当脆弱，如今却能够成为我国北部边疆的生态屏障，与草原游牧民族始终如一的精心呵护是分不开的。不独蒙古族，达斡尔族、鄂温克族、鄂伦春族等草原世居少数民族在文化传统上与蒙古族共属一个更大的范畴，不论他们的思维方式、信仰文化、价值取向还是生态伦理，都与蒙古族大同小异，有着多源同流、殊途同归的特点。

随着人类历史进程的加速，近代以来，世界各地区、各民族文化变迁、融合的节奏明显加快，草原地区迎来了本土文化和外来文化空前大激荡、大融合的时代。草原民族与汉民族的关系日趋加深，世界各种文化对草原文化的作用和影响进一步增强，农业文明、工业文明、商业文明、城市文明的因素大量涌现，草原各民族的生产生活方式，乃至思想观念、审美情趣、价值取向都发生了巨大变化。虽然，这是一个凤凰涅槃、浴火重生的过程，但以蒙古族文化为代表的草原各民族文化，在空前的文化大碰撞中激流勇进，积极吸纳异质文化养分，或在借鉴吸纳的基础上进行自主的文化创新，使民族文化昂然无惧地走上转型之路。古老的蒙古族文化，依然保持着她所固有的本质特征和基本要素，而且，由于吸纳了更多的活性元素，文化生命力更加强盛，文化内涵更加丰富，以更加开放包容的姿态迎来了现代文明的曙光。

三

古韵新颜相得益彰，历久弥新异彩纷呈。自治区成立以来的近70年间，草原民族的文化事业有了突飞猛进的发展。我国社会主义制度和民族区域自治、各民族一律平等的宪法准则，党和国家一贯坚持和实施的尊重、关怀少数民族，大力扶持少数民族经济文化事业的一系列方针政策，从根本上保障了我国各民族人民传承和发展民族文化的权利，也为民族文化的发展提供了广阔空间。一些少数民族，如鄂伦春族仅仅用半个世纪就从原始社会过渡到社会主义社会，走过了过去多少个世纪都不曾走完的历程。

一个民族的文化发展水平必然集中体现在科学、文化、教育事业上。在历史上的任何一个时期，蒙古民族从来不曾拥有像现在这么多的科学家、文学家等各类专家教授，从来没有像现在这样以丰富的文化产品供给普通群众的消费，蒙古族大众的整体文化素质从来没有达到现在这样的高度。哪怕最偏远的牧村，电灯电视不再稀奇，网络、手机、微信微博业已成为生活的必需。自治区现有7家出版社出版蒙古文图书，全区每年都有数百上千种蒙古文新书出版，各地报刊每天都有数以千百计的文学新作发表。近年来，蒙古族牧民作家、诗人的大量涌现，已经成为内蒙古文学的一大景观，其中有不少作者出版有多部中长篇小说或诗歌散文集。我们再以国民受教育程度为例，它向来是一个民族整体文化水准的重要指标之一。中华人民共和国成立前，绝大多数蒙古人根本没有接受正规教育的机会，能够读书看报的文化人寥若晨星。如今，九年义务教育已经普及，即便是上大学、读研考博的高等教育，对普通农牧民子女也不再是奢望。据《内蒙古2014年国民经济和社会发展统计公报》显示，全自治区2013年少数民族在校大学生10.8万人，其中蒙古族学生9.4万人；全区招收研究生5987人，其中，少数民族在校研究生5130人，蒙古族研究生4602人，蒙古族受高等教育程度可见一斑。

每个时代、每个民族都有一些杰出人物曾经对人类的发展进步产生深远影响。正如爱迪生发明的电灯"点亮了世界"一样，当代蒙古族也有为数不少的文化巨人为世界增添了光彩。提出"构造体系"概念、创立地质力学学说和学派、提出"新华夏构造体系三个沉降带"理论、开创油气资源勘探和地震预报新纪元的李四光；认定"世界未来的文化就是中国文化复兴"、素有"中国最后一位大儒家"之称的国学大师梁漱溟；在国际上首次探索出山羊、绵羊和牛精子体外诱导获能途径，成功实现试管内杂交育种技术的"世界试管山羊之父"旭日干；还有著名新闻媒体人、文学家、翻译家萧乾；马克思主义哲学家艾思奇；当代著名作家李准……这些如雷贯耳的大名，可谓家喻户晓、举世闻名，但人们未必都知道他们来自蒙古族。是的，他们来自蒙古民族，为中华民族的伟大复兴，为全人类的文明进步做出了应有的贡献。

历史的进步、社会的发展、蒙古族人民群众整体文化素质的大幅提升，使蒙古族文化的内涵得以空前丰富，文化适应能力、创新能力、竞争能力都有了显著提升。从有形的文化特质，如日常衣食住行，到无形的观念形态，如思想情趣、价值取向，我们可以举出无数个鲜活的例子，说明蒙古文化紧随时代的步伐传承、创新、发展的事实。特别是自2003年自治区实施建设民族文化大区、强区战略以来，全区文化建设呈现出突飞猛进的态势，民族文化建设迎来了一个新的高潮。内蒙古文化长廊计划、文化资源普查、重大历史题材美术创作工程、民族民间文化遗产数据库建设工程、蒙古语语料库建设工程、非物质文化遗产保护、一年一届的草原文化节、草原文化研究工程、北部边疆历史与现状研究项目等，都是这方面的有力举措，收到了很好的成效。

但是，我们也必须清醒地看到，与经济社会的跨越式发展相比，文化建设仍然显得相对滞后，特别是优秀传统文化的传承保护依然任重道远。优秀民族文化资源的发掘整理、研究转化、传承保护以及对外传播能力尚不能适应形势发展，某些方面甚至落后于国内其他少数民族省区的现实也尚未改变。全球化、工业化、信息化和城市化的时代大潮，对少数民族弱势文化的剧烈冲击是显而易见的。全球化浪潮和全方位的对外开放，意味着我们必将面对外来文化，特别是强势文化的冲击。在不同文化之间的交往中，少数民族文化所受到的冲击会更大，所经受的痛苦也会更多。因为，它们对外来文化的输入往往处于被动接受的状态，而对文化传统的保护常常又力不从心，况且这种结果绝非由文化本身的价值所决定。换言之，在此过程中，并非所有得到的都是你所希望得到的，并非所有失去的都是你应该丢掉的，不同文化之间的输入输出也许根本就不可能"对等"。这正是民族文化的传承保护任务显得分外紧迫、分外繁重的原因。

文化是民族的血脉，内蒙古民族文化是中华文化不可或缺的组成部分，中华文化的全面振兴离不开国内各民族文化的繁荣发展。为了更好地贯彻落实党的十八大关于文化建设的方针部署，切实把自治区党委提出的实现民族文化大区向民族文化强区跨越的要求落到实处，自治区政府于2013年实时启动了"内蒙古民族文化建设研究工程"。"工程"包括文献档案整理出版，内蒙古社会历史调查、研究系列，蒙古学文献翻译出版，内蒙古历史文化推广普及和"走出去"，"内蒙古民族文化建设研究数据库"建设等广泛内容，计划六年左右的时间完成。经过两年的紧张努力，从2016年开始，"工程"的相关成果已经陆续与读者见面。

建设民族文化强区是一项十分艰巨复杂的任务，必须加强全区各界研究力量的整合，必须有一整套强有力的措施跟进，必须实施一系列特色文化建设工程来推动。"内蒙古民族文化建设研究工程"就是推动我区民族文化强区建设的一个重要抓手，是推进文化创新、深化人文社会科学可持续发展的一个重要部署。目前，"工程"对全区文化建设的推动效应正在逐步显现。

"内蒙古民族文化建设研究工程"将在近年来蒙古学研究、"草原文化研究工程""北部边疆历史与现状研究"、文化资源普查等科研项目所取得的成就基础上，突出重点，兼顾门类，有计划、有步骤地开展抢救、保护濒临消失的民族文化遗产，搜集记录地方文化和口述历史，使民族文化传承保护工作迈上一个新台阶；将充分利用新理论、新方法、新材料，有力推进学术创新、学科发展和人才造就，使内蒙古自治区传统优势学科进一步焕发生机，使新兴薄弱学科尽快发展壮大；"工程"将会在科研资料建设，学术研究，特色文化品牌打造、出版、传播、转化等方面取得突破性的成就，推出一批具有创新性、系统性、完整性的标志性成果，助推自治区人文社会科学研究和社会主义文化建设事业蓬勃发展。"内蒙古民族文化建设研究工程"的实施，势必大大增强全区各民族人民群众的文化自觉和文化自信，必将成为社会主义文化大发展大繁荣,实现中华民族伟大复兴中国梦的一个切实而有力的举措，其"功在当代、利在千秋"的重要意义必将被历史证明。

（作者为时任内蒙古自治区党委常委、宣传部部长，"内蒙古民族文化建设研究工程"领导小组组长）

语法标注缩略语对照表

1sg	1st person singular 第一人称单数
2sg	2nd person singular 第二人称单数
3sg	3rdperson singular 第三人称单数
1pl	1st person plural 第一人称复数
2pl	2nd person plural 第二人称复数
3pl	3rd person plural 第三人称复数
A	actor/agent 施事
ABL	ablative marker 夺格（从格）
ACC	accusative 宾格
AGT	agentive marker 施事格
CAUS	causative marker 使动
COM	comitative marker 随同格
CVB	converb 副动词
COMP	comparative marker 比较
DAT	dative marker 与格
EXCL	exclusive 排除式
FOC	focus 焦点
FUT	future tense 将来时
GEN	genitive marker 属格
INCL	inclusive 包括式
IMP	imperative marker 命令式
INFER	inferential marker 推测
INDEF	indefinite marker 不定
INSTR	instrumental marker 工具格
LOC	locative marker 位格
NMZ	nominalize 名物化
NUM	numeral 数词
NP	noun phrase 名词短语
P	patient/undergoer 受事者
PASS	paasive voice 被动态
PFV	perfective aspect 过去时
PCT	continuous tense 进行时
PL	plural marker 复数
PROG	progressive 进行体
PROS	prospective aspect 将行体
PRT	particle 语气词
PRES	present tense 现在时
REFL	reflexive pronoun 反身代词

目　录

第一章 绪论

第一节 达斡尔族简介

有关达斡尔族的最早记载见于我国17世纪60年代的汉文古籍。自清代以来的各种典籍中的汉文音写形式中最多的是"达呼尔",此外,还有"达瑚尔""达古尔""达乌尔""达乌里"等。中华人民共和国成立后,统称为"达斡尔"。

达斡尔族是我国北方人口较少的少数民族之一。据中华人民共和国第七次全国人口普查数据,中国境内的达斡尔族人口为13229(2021年)。目前主要分布在内蒙古自治区、黑龙江省和新疆维吾尔自治区等地。达斡尔族曾以黑龙江流域为历史摇篮,后南迁至嫩江两岸繁衍生息。有清一代,清廷将编入八旗的达斡尔族官兵遣往各边疆地区戍边,形成了目前这种民族人口分布格局。其中,内蒙古自治区呼伦贝尔市莫力达瓦达斡尔族自治旗、黑龙江省齐齐哈尔市梅里斯达斡尔族区是我国达斡尔族人口较为集中的两个地区。

学术界对达斡尔族的族源问题一直存在着分歧,大致上可分为契丹说、蒙古说、东胡说、北室韦说、落俎室韦说等。其中契丹说影响较大。

达斡尔族居住方面的历史特点是依山傍水。17世纪之前,达斡尔族的世居地黑龙江及其支流水源丰富,盛产鳇鱼、鲟鱼等名贵鱼种。沿岸群山绵延,山林里飞禽走兽种类繁多。山水之间是适宜放牧牲畜的草场和适于农耕的平坦肥沃的冲积平原。清初达斡尔族南迁至嫩江两岸居住。嫩江流域的上游为大兴安岭东麓的支脉,这里是渔猎生产的绝好天地,而嫩江的中、下游则是土质肥沃适宜农耕的平坦的冲积平原,以及水草丰美适宜放牧牲畜的大片天然牧场。上述多样的自然环境，为达斡尔人从事渔猎农牧等多种生产活动以及多元经济文化类型的形成提供了得天独厚的条件。

达斡尔族的氏族制度以及由此形成的哈拉与莫昆等社会组织形式历经几个世纪，至清末民初时仍留其残余。哈拉为古老的氏族集团，莫昆则是由哈拉分化出来的在血缘关系上更近的新氏族集团，或称女儿氏族集团。这种氏族制度在管辖氏族地域与财产、承继与沿袭传统文化规约、规范族内成员道德行为、优化族内人口素质、强化氏族及民族归属意识等方面产生了重要的作用。

在现代医学与科学知识未曾普及达斡尔族地区之前，达斡尔人对以万物有灵的宗教观念为思想基础，以自然崇拜、图腾崇拜以及祖先崇拜为主要内容的原始宗教——萨满教曾笃信不疑。在漫长的历史岁月里，萨满教的思想体系深深地影响、渗透、制约了达斡尔人的精神世界与价值观念。

由于特殊的地理环境和社会文化氛围，达斡尔人创造了具有多元性特点的文化，也留下了许多独具个性的文化遗产。如达斡尔人创造了较为规范的烟草种植技术，传统的达斡尔烟叶曾在东北地区远近驰名。在东北地区有"草上飞"之美誉的大轮车工艺考究，是达斡尔族的主要交通工具之一。其他诸如鹰猎技艺、渔捞、放排等物质生产方式也都具有鲜明的民族特色。手工艺方面有木雕、柳编、桦树皮器皿、绘画、刺绣、剪纸、摇篮、哈尼卡纸偶等。达斡尔族的民族传统乐器之一——"木库莲"（口弦琴）堪称世界性古代原始乐器之一。达斡尔族传统的舞蹈形式"哈库麦""鲁热给勒"等体现了原始图腾舞蹈的遗风。达斡尔人历来喜爱各种体育运动，其中赛马、摔跤、扳棍、颈力、围鹿棋等民族传统体育活动开展已久，尤其是传统的曲棍球运动更是独具特色，内蒙古呼伦贝尔市莫力达瓦达斡尔族自治旗被国家体委命名为"曲棍球之乡"，以莫旗队员为主的国家曲棍球曾在国内外各种比赛中战绩斐然。此外，莫旗境内建于金代、延绵数千里的"乌如阔"（边壕），以及建于清嘉庆年间照武大夫德依贲墓碑，均为达斡尔族开拓北疆、保卫边疆的历史见证。达斡尔族民居建筑别有特色，院落多呈四方形，以三间构主房为主，以西间为贵，且以开南、西窗为特点。传统的哈拉、莫昆等社会制度，以及萨满祭奠盛典活动等是达斡尔族的制度文化与精神文化的主要内容，它们在达斡尔族社会文化的形成和发展中起到了重要作用。

第二节　达斡尔语系属及其研究概况

一　语言系属及分布区域

达斡尔语属阿尔泰语系，与蒙古语、土族语、东部裕固语、东乡语、保安语等同属蒙古语族。据相关研究成果，达斡尔语保留了较多的中国北方古代民族东胡鲜卑等语言特征。同时，由于地理位置接近等关系也较多地吸收了满—通古斯语族中满语等语言的影响。达斡尔人清代曾使用满文，清末后使用汉文。此外，各地达斡尔族还分别使用邻近的兄弟少数民族的文字如蒙古文、哈萨克文等。

达斡尔族自清朝中期以来形成的大分散、小聚居的民族人口分布格局，已使达斡尔族统一的社会结构产生了一定程度的分化，并由此形成了达斡尔族文化的区域性特征。与此并列或同步形成的区域性语言特征是方言划分的客观基础。依据达斡尔族人口分布格局并结合达斡尔族亚文化群体的历史发展与文化演变以及语言现状，多数学者将达斡尔语划分为布特哈、齐齐哈尔、海拉尔、新疆四个方言。从各方言的发展历史来看，可以把它们之间的相互关系大致勾勒为：布特哈和齐齐哈尔这两个方言是达斡尔语基础方言，而海拉尔（由齐齐哈尔方言派生）、新疆（由布特哈方言派生）两个方言则是分别在前两个原生方言基础之上演变而成的衍生方言。中华人民共和国成立初期，达斡尔语四个方言的区域划分、人口数量以及土语情况大致如下：布特哈方言主要分布范围是嫩江上游和讷莫尔河及诺敏河流域等地区，包括内蒙古自治区呼伦贝尔市莫力达瓦达斡尔族自治旗、鄂伦春自治旗以及黑龙江省甘南县、讷河县、嫩江县、德都县和瑷珲县等地。使用人口约5万，下分讷莫尔、纳文、瑷珲、墨尔根四个土语。齐齐哈尔方言主要分布范围是黑龙江省齐齐哈尔市郊区、富裕县、龙江县、内蒙古自治区呼伦贝尔市布特哈旗、阿荣旗等地区。使用人口约5万，下分江东、江西、富拉尔基三个土语。海拉尔方言主要分布范围是内蒙古自治区呼伦贝尔盟鄂温克自治旗南屯、白音塔拉、莫克尔图和海拉尔市。使用人口约1.5万，下分南屯和莫克尔两个土语。新疆方言主要分布在新疆维吾尔自治区塔城、霍城、乌鲁木齐等市、县。使用人口约0.7万，下分塔城、霍城两个土语。1956年12月，在中央有关部门和内蒙古自治区党委的直接领导下，在呼和浩特召开的达斡尔语文科学讨论会上，通过了以斯拉夫字母为字母形式，布特哈方言为基础方言，纳文土语语音为标准音的达斡尔文字方案。20世纪80年代初，由内蒙古、黑龙江及新疆达斡尔族专家学者参加，讨论并制订了拉丁字母形式的达斡尔语记音符号沿用至今。

二　达斡尔语研究概况

（一）语源研究

学术史上较早研究达斡尔语的是俄罗斯的阿尔泰学者伊万诺夫斯基（Ivannovskij，1894），他曾于1889—1891年在中国东北地区的墨尔根（今嫩江县）、齐齐哈尔等地进行索伦语和达斡尔语的实地调查。1894年，他在圣彼得堡出版的《满洲志》上发表了《索论语和达斡尔语范例》，其中收入了达斡尔语成语、句子以及用满文字母拼写的达斡尔语话语材料，词条用俄文音标记录，并用俄文注释。在研究部分中，对达斡尔语的语音、语法进行了系统的研究，弄清了达斡尔语同蒙古语的语源关系（恩和巴图，1988）。卢德涅夫1905年在《蒙古书面语语法讲座》中把达斡尔语视为布里亚特方言的一个分支。1929年苏联著名的蒙古学家符拉吉米尔佐夫在《蒙古书面语和喀尔喀方言比较研究》中把达斡尔语视为蒙古语的一个方言。鲍培在《阿尔泰语比较语法》一书中认为达斡尔语是蒙古语族语言的一种。他刊载于《苏维埃布里亚特蒙古人民共和国蒙古与唐努—土瓦民族研究委员会材料》，1930年第6期的《达斡尔语方言》（ДАГУРСКОЕ НАРЕЧИЕ）认为，达斡尔语方言不仅不是满—通古斯语，更不是蒙—通古斯语并行语。它是一种保留了一系列我们所知道的13—14世纪蒙古语方言特点，并与其有着十分密切关系的独立的语言。作者曾在20世纪20年代末30年代初在乌兰巴托工作和生活。上述达斡尔语材料是他在此期间与中国东北地区海拉尔达斡尔人一起共事时，从他们那里搜集到的。"苏联著名的蒙古学家桑席耶夫在《蒙古语比较语法》（1953）一书中明确指出达斡尔语是一个独立的蒙古语族语言"（朝克，2013）。苏联著名蒙古语专家托达耶娃（Б. Х..ТОД АЕВА）曾于1954—1957年对中国境内的蒙古语族及蒙古方言进行了深入的调查研究。著有

《达斡尔语》（*ДАГУРСКИЙ ЯЗЫК*）（莫斯科科学出版社，1986）。这是根据作者于20世纪50年代在中国工作期间所收集的达斡尔语的材料撰写而成的。全书分引论、语音、语法、词汇以及成篇材料（包括14篇故事童谣、50条成语和20条谜语）和词表（2400条词汇）五部分。书后附有参考书目。所依据的是达斡尔语布特哈方言材料。她把达斡尔语分为齐齐哈尔、布特哈、海拉尔、新疆四个方言。该书是20世纪后期在国外发表的研究达斡尔语较有影响的专著。

1955—1956年，中国科学院组织的少数民族语言调查第五工作队达斡尔语调查组两次到内蒙古、黑龙江、新疆等地进行了达斡尔语调查，进一步弄清了达斡尔语的系属问题。

改革开放以后，涌现了大批研究达斡尔语的专家学者。1980年，由内蒙古大学蒙古语文研究室的教师和研究生在青格尔泰教授的领导下分成七个组，按照《蒙古语方言和亲属语言调查大纲》的统一要求，对国内包括达斡尔语在内的蒙古语族语言进行了调查。恩和巴图（1988）和森格组成的调查组到内蒙古莫旗腾科公社霍日里村进行了语言调查，陆续编写出版了《达斡尔语调查报告》《达斡尔语词汇》《达斡尔语话语材料》等。

恩和巴图（1988）指出："达斡尔语中包含大量与蒙古语族、突厥语族、满—通古斯语族语言同源的词。"现有的达斡尔语同源词研究以蒙古语为主要比较研究对象。王静如（1955）通过观察词汇韵律规律和基本词汇属性等特点，认为达斡尔语与中世纪蒙古语最为接近。恩和巴图（1988）认为："达斡尔语固有词与蒙古语词的音、义相同或相近的占多数，而绝大部分同源词在语音、词义方面有错综复杂的差异，对应规律比较明显。"《蒙古秘史》中含有大量达斡尔语词，研究其中的词汇对达斡尔语探源具有深远意义。"现代达斡尔语中仍残留着13世纪蒙古语词汇，而这些蒙古语词汇在现代蒙古语中却较少使用。"（达扎布，2003）达扎布（1995）分析了《蒙古秘史》中的蒙古语与达斡尔语的同源词，这对达斡尔语的演变研究具有非常重要的意义。敖·碧力格（1989）也曾对《蒙古秘史》中的达斡尔语词做过注释。陈乃雄（1988）系统调查了蒙古语族语言的固有词和借词，认为与蒙古语共性最大的语言是土族语。

美国另一位语言学家鲍培（N.N.Poppe，1897—1991）是20世纪继兰司铁之后最著名和多产的阿尔泰语言学家、蒙古语言学家。他撰写的

《论阿尔泰语言的辅音系统》（1924）、《阿尔泰语和原始突厥语》（1926）、《蒙古语比较研究绪论》（1955）、《阿尔泰语言比较语法》（1960）、《阿尔泰语言学导论》（1965）等论著不仅进一步描写了阿尔泰诸语言的概貌，而且进行了相关语言之间的历史比较研究，对阿尔泰语言学理论的发展起到了积极的推进作用（鲍培，2004）。

（二）方言研究

丁石庆（1993p）认为把达斡尔语划分为四个方言区是比较切合实际的划分法。其中，布特哈和齐齐哈尔方言是较早产生分歧的基础方言，而新疆和海拉尔方言则形成较晚（丁石庆，1994），还概括了各个方言区的亚文化特征（1994）。

韩国首尔大学、仁川大学、蒙古国社科院、内蒙古大学蒙古学研究所等高校与科研机构的几位学者在2004年10月专程对塔城达斡尔语进行了语言结构调查和实地考察，在所获材料基础上写成了《达斡尔语塔城方言研究》（*A Stuty of The TacHeng tialect of the Tagur language*，Yu wonsoo，Kwon jae-il，Choi moon-jeong，Shing yong-kwon，Porjigin payarment，Luvsantorj polt著，首尔国立大学出版社2008年版）。该论著共三章，第一章概述，介绍达斡尔族、达斡尔语与方言分布等；第二章介绍了语言调查进程以及调查合作人等；第三章分语音学、词法与句法三个部分对达斡尔语塔城方言进行了描写。附录包括2600词汇，340句会话材料及283条句子及其英译，还有约100个发音合作者遗忘或认为存在疑问的词例等。

（三）语音研究

语音研究方面，达斡尔语布特哈方言及新疆方言更受学者关注，而齐齐哈尔方言和海拉尔方言相关研究则较少。目前，达斡尔语的语音研究主要涉及元音、辅音、语音变化等方面。

关于元音方面主要集中于对元音和谐律的研究。元音和谐律是阿尔泰语系各语族语言的共同特征，是语音研究中较为重要的课题。达斡尔语元音和谐指的是：阳性和阳性元音互相适应，阴性元音和阴性元音互相适应；阳性元音和阴性元音则互相排斥，二者又均与中性元音互相适应。研究达斡尔语元音和谐律的学者主要有喻世长（1981）、仲素纯（1980，

1982）、恩和巴图（1988）、欧南·乌珠尔（2004）等人，他们都曾对达斡尔语元音和谐研究做出了贡献。

辅音研究方面，关于辅音的专项研究多用蒙古文写作，此方面的成果主要集中于：（巴达荣嘎，1959）、（达扎布，1994）、（山田洋平，2012）、（其布尔哈斯，2013）、（乌云高娃，2008）等。这些成果极大地丰富了达斡尔语辅音研究，但用蒙古文进行研究和写作在学术交流和传播上受到很大限制。

语音变化是语音研究中不可缺少的部分，这类研究多见于综合性专著中。例如，仲素纯（1982）概括了达斡尔语语音的减音、变音、增音、同化这四种变化方式。恩和巴图（1988）论述了达斡尔语语音变化的连音、同化、异化、增音、减音、替代等现象。欧南·乌珠尔（2004）论述了达斡尔语语音的节律（词的轻重音、语句重音、逻辑重音、语调）以及语调分类（根据不同句型分为升调和降调）。

一般来说，传统研究大多采用描写法和共时比较法研究达斡尔语的语音系统，但缺少历时层面的语音演变研究。近年来一些学者突破传统，采用实验语音学、声学语音学等最新的研究方法，为达斡尔语的语音研究开创了新路，例如：梅花（2009）用声学语音学的方法对海拉尔方言的元音进行了系统分析；其布尔哈斯、呼和（2010）基于"达斡尔语语音声学参数数据库"对所有词首音节短元音的第一、第二共振峰参数进行了统计分析，又采用Joos型声学元音图，发现布特哈方言讷文土语词首音节短元音的分布格局是以[ə]元音为中心点，词首音节短元音在声学空间（声学元音图）中上下、前后分布均衡。

哈斯其木格的《达斡尔语音系研究》（中央民族大学博士学位论文，2017年）是近年来达斡尔语音系学研究新著。论文以布特哈方言材料为例，对达斡尔语音系进行了全面系统的研究，基于这项实验语言学研究材料，作者提出了诸多新的观点，值得学界关注。

（四）词汇研究

达斡尔语的词汇研究主要是对同源词和借词的研究，研究特点是重视个别词汇之间的比较，缺少语料库的系统的数据统计，研究方法和整体水平还有待提高。

现有的达斡尔语同源词研究主要以蒙古语为主要比较研究对象。王静如（1955）对达斡尔语系属做了论述，通过观察词汇韵律规律和基本词汇属性等，认为达斡尔语与中世纪蒙古语最为接近。恩和巴图（1988）认为："达斡尔语固有词与蒙古语词的音、义相同或相近的占多数，而绝大部分同源词在语音、词义方面有错综复杂的差异，对应规律比较明显。"

对于借词的研究有助于了解达斡尔语词汇的构成，探索其借入其他语言词汇的规则、特点及演变规律。这方面的研究以期刊论文为主。遗憾的是，目前尚无系统研究达斡尔语借词的专著，缺少整合性和深入性的研究。在研究方法上，缺少定量分析及语料库的数据支持。此方面的研究方向主要是探讨达斡尔语中的汉语借词（额尔敦套克陶，1960）（塔娜，1982）、满—通古斯语族借词（朝克，1988）等。

《蒙古秘史》中含有大量达斡尔语词，研究其中的词汇对达斡尔语探源具有深远意义。敖·碧力格（1989）、达扎布（1995）等都曾对《蒙古秘史》中的蒙古语、达斡尔语的同源词进行了研究，这对达斡尔语的演变研究具有非常重要的意义。

（五）形态−句法研究

词法研究在整个达斡尔语研究中占有重要地位。语言学中的形态学研究主要针对词的结构。这方面的研究主要集中于20世纪80—90年代，内容主要涉及构词附加成分、类指、动名词等语言现象的描写。

达斡尔语属黏着语。丁石庆（1989）对名词语法成分的重叠现象做了探讨，认为名词成分的重叠来源于"名词+构词黏附成分+语法黏附成分"这个构词加构形的过程。陈乃雄（1985）认为达斡尔语中有100多种构词附加成分的用法与蒙古语相对应。相关论文还有《达斡尔语构词附加成分》（额尔敦套克陶，1959）、《达斡尔语动词构词附加成分》（恩和巴图，1985），均以蒙古文写作。王鹏林（1983）系统论述了达斡尔语的宾格附加成分，认为可以用"提示助词"来解释此类语法现象，并列举了宾格附加成分在句子中所起的作用。

谓语人称范畴的使用是达斡尔语的特点之一。在达斡尔语动词或名词做谓语的句子中，谓语要加人称范畴标记。拿木四来（1981）集中梳理了谓语人称范畴的使用范围及其功能，为这方面的研究和学习奠定了基础。

领属附加成分通常是指在名词、数词、形容词、形动词后面加的两种附加成分，即反身领属或人称领属。二者均有各自的特点和用法。拿木四来（1982）详细介绍了达斡尔语名词的领属性范畴及其用法。

丁石庆（1993a）在原有研究基础上重新对达斡尔语动名词的意义、构成形式、特征等方面进行了考察。认为达斡尔语中的动名词集动词与名词的特征于一身，扩大了词的能量，是在功能和形式上自成体系的特殊形式。

句法研究：有关达斡尔语的句法研究多散见于各类专著中，论述较为简单。拿木四来（1978）在《达斡尔语句法》一书中系统研究了达斡尔语句法，论述了句子成分及其顺序。仲素纯（1982）、恩和巴图（1988）、欧南·乌珠尔（2004）对达斡尔语句法都做了介绍，主要涉及句子成分、句型、结构等方面。

郭玲丽的博士学位论文《达斡尔语布特哈方言语法研究》（厦门大学博士学位论文，2017年），以第一手田野调查语料为基础，重点描写了达斡尔语布特哈方言的语法形态与典型特征，填补了达斡尔语语法等相关领域研究的空白。论文对达斡尔语的词法和句法进行了较为系统与详尽的描写分析，诸如空间范畴、存在领有结构、话题焦点、关系小句等均为以往达斡尔语研究文献中几乎无人涉猎的论题。

近些年来，还出版了多部达斡尔语词典及各方言辞书，还有几部达斡尔语和相关语言的对照词汇集等。尽管这些辞书的作者不是语言学专业人士，绝大多数辞书都程度不同地存在各类问题，但无疑对达斡尔语研究工作具有重要的推进作用。

综上，国内外达斡尔语的研究始于19世纪末，盛行于20世纪80年代末至21世纪前10年。从研究范围上，也已经从语言结构进入到语言使用、语言资源保护及语言与文化关系等更为广泛的研究领域；研究方法上也发生了由单纯的描写语言学到多学科综合研究方法的转型。

第三节　达斡尔族语言使用现状

一　个体语言文字使用类型

根据我们对达斡尔语各方言区语言使用情况的调查，达斡尔族个体在语言使用类型上呈多样性态势。

（一）保持型

1. 单语保持型

在达斡尔族聚居地村落里，不乏部分母语单语型人群。母语单语型人群多为以60岁以上无任何教育背景的老人。[①]此类人群中还包括部分40岁以上虽有教育背景但因各种原因导致"复盲"的人群。他们一般都在少年时代接受过学校教育而脱盲，而小学毕业后回村务农后，因聚居村落浓厚的母语环境，或因村落的物质生活已达到一般意义上的自给自足，无须与外界过多交流，在村里仅使用母语即可满足交际需求，使他们所学的汉语或其他语言基本无机会使用，从而导致在学校学到的第二语言及文字逐渐淡忘而"复盲"。另外还包括村落里部分学龄前儿童，他们一般多与父辈或祖辈老人长期共同生活，因各种原因他们在上学之前基本在村落里生活，在家庭和社区浓厚的母语环境中自然习得了达斡尔语，与家族成员及玩伴们之间也主要使用达斡尔语，成为获得母语传承的一代人。他们因在这样的环境时间长短不一，加之个体语言天赋的差异可能会导致母语熟练程度不一，但绝大多数由于扎实的母语"童子功"并经过学校教育获得第二语言能力而成长为双语人或多语人。各方言区达斡尔族双语人或多语人都曾有过在聚居区的生活经历和后期学校教育过程。

2. 双语保持型

在达斡尔族中，双语保持型人群占有一定的比例。其中，达斡尔语/汉语双语兼用型人群比例最高。主要分布于布特哈方言区和齐齐哈尔方言区，此类人群一般都程度不同地在学校接受过汉语或其他民族语言教育，在不同的场景下兼用双语，并在不同语言之间熟练进行语码转换。部分兼用其他文字的人主要在学校里通过教育途径学得，也有部分人在自然环境中与汉族或其他少数民族接触过程中习得。而在海拉尔方言区和新疆方言区除了上述双语保持型外，还有几类亚型。其中，达斡尔语/蒙古语或蒙古语/达斡尔语等亚型人群主要分布于海拉尔方言区，达斡尔语/哈萨克

---

① 达斡尔语各方言区语言功能及现状调查的时间约集中在21世纪前十年，被调查对象的目前年龄应再增加10—15岁。后同。

语、达斡尔语/维吾尔语、达斡尔语/锡伯语、哈萨克语/达斡尔语，维吾尔语/达斡尔语等亚型人群主要分布于在新疆方言区。

3. 多语保持型

此类人群主要分布于海拉尔方言区和新疆方言区，以熟悉语言程度，又可分为不同的亚型。其中，海拉尔方言区以达斡尔语/蒙古语/汉语、达斡尔语/汉语/蒙古语/、蒙古语/达斡尔语/汉语、蒙古语/汉语/达斡尔语、汉语/达斡尔语/蒙古语、汉语/蒙古语/达斡尔语亚型为主；另有达斡尔语/汉语/鄂伦春和达斡尔语/蒙古语/汉语/鄂温克、达斡尔语/蒙古语/满语/汉语等特殊亚型。而在新疆方言区则以达斡尔语/哈萨克语/汉语、达斡尔语/汉语/哈萨克语、达斡尔语/汉语/维吾尔语、哈萨克语/达斡尔语/汉语、哈萨克语/汉语/达斡尔语、维吾尔语/达斡尔语/汉语、维吾尔语/汉语/达斡尔语等亚型为特点，也有达斡尔语/汉语/哈萨克语/锡伯语等特殊亚型。

（二）转用型

从调查材料可知，各方言区均有数量不等的转用型人群，其中又分为单语型、双语型、多语型等亚型。其中，以汉语单语转用型人群分布较广，在转用型人群中数量最多，各方言区都有此类人群分布。此外，哈萨克语型、维吾尔语型主要分布于新疆方言区；蒙古语型主要分布于海拉尔方言区。双语转用型人群主要分布于海拉尔方言区和新疆方言区，其中海拉尔方言区以汉语/蒙古语、蒙古语/汉语为特点，新疆方言区以汉语/哈萨克语、哈萨克语/汉语、汉语/维吾尔语、维吾尔语/汉语等为特点。多语转用型主要分布于新疆方言区，此类人群主要分布于伊犁地区，以汉语/哈萨克语/锡伯语、哈萨克语/汉语/锡伯语为主要特点。

（三）个体文字使用情况

从掌握文字的角度来说，各方言区达斡尔族一般都以通用汉文为主。海拉尔方言区曾有蒙古文教育背景的人兼通蒙、汉双语双文，是达斡尔族历史上的最早出现兼通蒙/汉/满多语多文型人群的地区。新疆方言区中兼通汉/哈/维语的多语多文型人数最多，因从事编译工作人数较多而享有"翻译民族"的美誉，一般以高级知识分子为主，但其中也有部分经个人努力自学成才者。

　　我们以熟练语言排序的调查材料归纳出了上述多种不同语言使用类型，但其中排序首位的语言是以被调查对象熟练程度最高，或从小最早自然习得的语言为标准的，并不代表排序靠前的语言是水平最高的。在部分达斡尔族双语型或多语型人群中，随着其后来逐渐习得其他语言的情况或依据导致其脱离母语环境的时间长短，会使其最早习得的达斡尔语可能因长期不用其熟练程度退位至一般水平甚至大幅度衰减至较差水平，这时相较于其熟悉的汉语或其他有文字语言的熟练程度明显逊色。因此，上述双语型和多语型还可细分为双语平衡型、多语平衡型、母语萎缩型、母语濒危型等亚型。双语平衡型和多语平衡型指对两种或多种语言均可熟练使用，各语言的熟练水平相当；母语萎缩性和母语濒危型均指达斡尔语因能力下降或趋弱而明显逊色于其他兼用语。

二　家庭语言保持情况

（一）村落自然保持型

　　在达斡尔族各方言区聚居的村落里均分布着母语文化氛围较为浓厚的家庭，此类家庭的主要成员以达斡尔族为主，依其家庭构成可再分为多代同居型、隔代同居型、邻居型等类型。其中，多代同居型家庭语言环境最为浓厚，最适宜自然母语人成长。在这种环境里成长的青少年在家庭就可以领略到不同年龄段母语人的母语水平，并随时都可以请教任何一个年龄段的长辈们有关达斡尔语的问题。2004年7月，我们在莫旗腾克镇特莫呼珠村就调查过五代同居的大家庭，其家庭成员数十人，最老的奶奶已经90多岁了，是典型的单语母语保持型代表。第五代孙子刚出生不久，他将在这样一个多代同居型家庭中自然成长为一个母语人。近些年来，在达斡尔族聚居村落里，许多儿童的家长都因各种原因长期在外，而将自己的孩子托付给长辈们看管，于是，隔代同居型家庭开始增多，也使达斡尔族青少年成为留守群体，他们在入学前在聚居村落里自然习得了达斡尔语，入学后才开始接触和学习汉语等其他语言。因达斡尔族聚居村落多以同一哈拉或同一莫昆家族集聚，由一个大屯逐渐衍生出邻近子屯甚至孙屯，如此形成了邻居型居住格局，这种若即若离的居住格局也在一定程度上造就了部分达斡尔族村落的自然母语人。

（二）城镇自觉保持型

此类家庭的主要成员均为达斡尔族且大多出生于聚居村落，他们因上学、服兵役、工作，创业或打工等原因远离故乡居住于城镇，但他们虽然长期漂泊在外，但仍在家庭环境中营造母语环境，自觉使用达斡尔语，同时也要求自己的孩子们在家庭环境中尽量使用达斡尔语，试图让孩子们耳濡目染，接受达斡尔语和达斡尔族传统文化的影响，以使他们的家族成员尤其是孩子们独具民族个性。

三　社区语言保持情况

（一）村落自然保持型

这种语言社区类型主要分布于达斡尔语各方言区的聚居村落，这也和达斡尔族传统居住模式相关。达斡尔族多以哈拉或莫昆为单位形成家族型居住格局，嫩江中下游一带居住的布特哈方言区及齐齐哈尔方言区的达斡尔族古老村落至今仍多沿袭着这种传统居住格局。因为村落民族成分单一，社区环境中使用达斡尔语的使用频率最高，甚至某些毗邻而居的汉族或兄弟民族村民也兼通达斡尔语。

（二）城镇聚落自觉保持型

这种语言社区类型一般分布于大中城市。改革开放以来，随着涌入到大中城市达斡尔族的不断增加，形成了城市环境下达斡尔族城市人群的聚落，他们以某种组织形式定期举办各类民族文化活动，或经常聚集商讨各种民族内部事务。此类民族内部成员的聚会，一般都会尽量自觉地说达斡尔语，为达斡尔语的使用提供了社区环境，各种活动也会凸显民族文化特色。

（三）网络虚拟互动型

互联网时代，为达斡尔语各方言区的达斡尔族之间的信息互通有无尤其是母语的学习与交流提供了极大的便利。于是，达斡尔语网络虚拟社区应运而生。"达斡尔文化论坛"曾创办多年，是较早的民族社区网站。论坛专设有达斡尔语栏目，有专门讲授达斡尔语教师，该栏目已坚持多年，参与者高达数千人，以青年人为主。该论坛在母语传承与保护、民族文化知识传播及普及等方面可谓功不可没。

四 达斡尔族语言使用现状的影响因素

各方言区达斡尔族语言使用现状影响因素中，居住格局影响较大。一般来说，聚居区的达斡尔族的语言保持状态较好，杂居区好于散居区。年龄层次也有显著差异。以双语人为例，70岁以上的达/汉双语人的母语口语熟练程度高于汉语；55—69岁年龄段的双语人两种语言的口语水平基本持平，属平衡型双语人；40—54岁年龄段的双语人的母语口语能力有一定程度的衰减；25—39岁年龄段的双语型的母语口语能力明显弱化，而24岁以下的青少年基本上属于转用人群，其中，部分长期生活在聚居村落的学龄前儿童则为单语型母语人。异族联姻要视其配偶一方的民族成分和地点会有不同情况，如果在达斡尔族聚居村落，其影响可忽略不计，因外民族成员可能因原本就兼通或迁居之后逐渐习得达斡尔语而不会影响家庭语言交际环境中达斡尔语的使用频率。另外，如果是鄂温克族或鄂伦春族进入达斡尔族家庭，对家庭中达斡尔语的使用也不会产生太大影响，因达斡尔族与这两个民族交往密切并可称作"亲戚民族"，这两个民族和达斡尔族你中有我，我中有你，不分彼此，这两个民族的成员一般都兼用达斡尔语。但杂居区和散居区异族联姻在多数情况下会影响到家庭环境达斡尔语的使用，甚至会隔断达斡尔语的代际传承链条。职业因素也会影响达斡尔族的语言选择和语言使用。其中，农民是数量最大的母语使用人群，学生是数量最大的语言转用人群，教师是语言保持意识最强的人群，干部则是最容易产生母语萎缩或衰减的人群。性别因素似乎对达斡尔族语言使用影响不大。在所有影响因素中，语言态度最为关键，影响也最大。虽然各地区达斡尔族都有意识并自觉地在保留和弘扬本民族传统文化，的确也取得了一定成果，但各方言区达斡尔族的语言态度有一定差异。不过从整体上看，各方言区的达斡尔族精英群体普遍具有较强的母语传承和保持意识，身体力行投身于母语保护的人中此类个体和群体也最多。随着社会的发展，不同地区达斡尔人的语言观念与文化态度发生了一定的变化，由于这些因素的影响，不同地区的达斡尔人语言保持状态也因此不同。总体上，达斡尔族的语言态度呈现较为开放的态势，尤其是青少年的民族意识日趋淡漠，这也是导致他们出现语言转用的主要原因之一。

五　达斡尔语各方言区语言使用情况简述

（一）布特哈方言区聚居村落达斡尔村民母语保持普遍较好

布特哈方言区是中华人民共和国境内达斡尔族人口较多的一个传统居住区，具有聚居程度高，熟练母语个体分布密度大，家庭和社区母语环境浓厚等特点，尤其是居住于内蒙古莫力达瓦达斡尔族自治旗境内较为偏僻的乡镇村屯的达斡尔族村民的母语保持状态最好。

（二）海拉尔方言区知识分子较多，个体母语使用水平较高

海拉尔方言区达斡尔族知识分子所占的比重，使其具有较大优势。他们作为达斡尔族母语个体，精通蒙古语文和汉语文，甚至不乏擅长以蒙古文著述或从事教学、行政、民族文化工作者，他们的蒙古语文水平对与其在结构上最为接近的达斡尔语的规范使用和功能拓展的作用不容小觑。[①]

（三）新疆方言区达斡尔族兼用语种最多

处在新疆这个特殊环境下的达斡尔人自幼便生长在多重民族关系和多元文化的摇篮之中，从小便生活在多重语言交替使用的交际社会之中，其中，能熟练地使用汉语、哈萨克语、维吾尔语等语言的多语人占有一定优势，其中不乏优秀的多语翻译、教育、编译等人才，是中国达斡尔族中兼用语种最多的方言区。

（四）齐齐哈尔方言区汉语使用水平最高

齐齐哈尔方言区的达斡尔族最早与汉族接触，语言方面受汉语的影响较深，这是中华人民共和国最早形成达/汉双语现象的地区，也是达斡尔族中汉语使用水平最高的方言群体。

综上，从整体上说，布特哈地区达斡尔语保持最好，海拉尔次之，新疆和齐齐哈尔地区再次之，其他地区或趋于极度萎缩态势，或处在濒危状态。

---

① 近些年来，由于该方言区蒙古语文教学的师资较弱，加上近年来许多达斡尔族将自己的子弟送入汉语班直接接受汉语文教育，造成蒙古文班生源不足，致使蒙古语文教育受挫，同时，也使得近20年来该方言区达斡尔族中兼通蒙古语的双语人数逐渐减少。

第四节　达斡尔语发展趋势

一　各方言彼此在发展上趋同

达斡尔语各方言尽管在使用人口数量、分布范围、使用场合及频率诸方面存在着较大的差异，但在本质上还沿袭着共同母语的特征，各方言区彼此间分化程度不大，即它们的共性明显地占有绝对的优势，这是各方言所继承和沿袭或保留了母语的原生形态较多的缘故。这种"基因"无形中规约了方言底层系统的语音基本格局，方言的演变也在一定程度上受其制约。此外，对母语初值的沿袭表面上是对语言结构基本"基因"的传承，实际上同时也是对母语所附着的传统文化的传承，之所以我们在目前的不同方言区的达斡尔族同胞之间交流时没有太多障碍，这种底层沿流的制约因素在其中起到了一种纽带作用，体现的是方言与母语及母语文化的自相似性。在目前看来，这种沿流还在很大程度上制约着各方言的基本结构特征与主要发展方向。

二　由传承链条问题导致母语进一步衰变

由于没有传统文字，达斡尔语传承途径以家庭、社区环境下的口耳相传为主，学校教育、传媒等传承途径作用十分有限。因此，一旦脱离了这样一个环境，那么母语习得者的母语听说能力就会随时间流逝而下滑或下降，所以，达斡尔族的双语人或多语人的母语能力也会在两种或多种语言的博弈中出现萎缩、衰变等情况。母语功能的衰变将引起母语相应的结构衰变，其以常用词语的反应速度变慢、词语遗忘、语法变异为常态表现形式。

三　母语社会功能总体上呈深度萎缩态势

各方言区达斡尔族母语功能总体上呈萎缩趋势，主要源自以下几个原因：母语个体绝对数量大幅度下滑，且普遍趋于老龄化，母语家庭数量锐减，社区母语空间被进一步"挤压"。由此进而导致在交际中出现母语深度表达功能退化，尤其是母语表达受阻情况下语码转换频度增多，或直接使用其他语言表述等现象。根据在达斡尔语各方言区的母语能力的测试和调查材料，达斡尔族不同年龄段母语能力的差异显著，大致上表现为10—15岁为一个衰减年龄段，尤其代际传承中母语结构耗损现象较为严重。

以上讨论及预测是基于语言使用群体及语言内部因素进行的分析，没有过多涉及诸如语言接触、语言关系、双语使用等更多的外部影响因素。

第五节　相关说明

一　体例

本书在涉及语法内容以外的体例和内容基本沿用传统语言学研究论著的规范框架，与语法相关的第四、第五、第六、第七章则尝试以较新的理论框架及相关内容排列。为了给学界提供更多的语言个案和详尽对比参照演变，本书这几章的例证也以缩略语语法标注为特色，这也是与以往有关达斡尔语相关研究文献和方法上较大的不同。另外，出于对读者阅读便利及为学界提供较为简明扼要的个案样本材料的考虑，我们力图表述上以简洁为本，展示更多的语料及例证，以飨学界与读者。

二　语料来源

本书基于布特哈方言语料进行达斡尔语本体结构的论述，其绝大部分基于本书作者长期田野调查所获一手材料，其中也包括近年来作者利用所获各类国家级与部委级人文社科类科研项目经费进行调查所获得材料。部分来自前人的相关研究文献，尤其是达斡尔族母语专家恩和巴图教授和欧南·乌珠尔先生的论著，所引用材料出处均予以标明，在此也对前辈表示敬意与诚挚感谢。

三　标音方法

在本书中，我们对以往阿尔泰语言学研究中例证标音惯例进行了部分变通，尤其是在辅音的标音上一改以往以浊辅音代替不送气清辅音，以清辅音代替送气清辅音的方法，这是处于遵守国际语言学界的学术规范，以及与国际语言学界习惯接轨等考虑而为。但个别章节及附录为多种语言间的比较之便利，或因考虑到工具书的特点，部分保留了原著中的标音形式。

第二章　语音

第一节　元音

达斡尔语布特哈方言中包括六个短元音及与其对应的六个长元音、六个复合元音及若干个借词元音等。

一　短元音与长元音

达斡尔语布特哈方言的元音系统中包括/ɑ/[①]、/o/、/ə/、/i/、/u/、/e/六个短元音和与其对应的/ɑ:/、/o:/、/ə:/、/i:/、/u:/、/e:/六个长元音，不同元音因其性质不同而出现的位置略有不同。/ɑ/、/o/的位置以词首为主；/ə/、/i/、/u/、/ɑ:/、/o:/、/ə:/、/i:/、/u:/可以出现在词的所有位置；/e/、/e:/多见于非词首的第一音节，主要出现于舌叶音和舌面音之后。此外，/i/、/u/两个元音属中性元音，可以出现在阳性词和阴性词里。

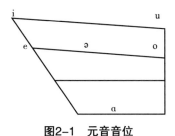

图2-1　元音音位

①　根据新近实验语音学的研究成果，该元音实际发音位置靠近元音舌位图的中央即 / ɐ / 的位置，但因该元音较为少见，标注和印刷均有一定难度，因此，采用/ɑ/来标音。

元音音位的例词：

/ɑ/	al	杀	tʃʰɑs	雪	nɑr	太阳
/ɑ:/	ɑ:	居住	pɑ:s	屎	imɑ:	山羊
/o/	os	水	sor	枣	xot	星星
/o:/	so:	胳肢窝	so:r	皮条	mo:	坏
/ə/	əm	药	kər	房子	pɑlək	土
/ə:/	tə:r	上	nə:m	盒子	ətə:	现在
/i/	is	九	ɑlipəi	轮流		
/i:/	i:kə:	男人跳舞			pi:	我
/u/	utiʃ	昨天	utur	白天		
/u:/	u:kəl	冬天	tʃʰu:tʃʰ	凿子	xu:	人
/e/	pet	我们	tʃeʃkən	信		
/e:/	ane:ke:	客人	ane:r	声响	ore:	迟，晚

在布特哈方言和达斡尔语其他方言口语中，/ɑ/在舌尖辅音前似有位置前化为［a］甚至［æ］等变体形式。如：如kʰalj，擦，碰；pat咱们；patni:咱们的，在以上词中的a均可读作前元音æ。这种现象在齐齐哈尔方言和新疆方言中已经变为一种常见的口语读音了。另外，元音e的出现次数较少，其他元音的出现也有一定差异。据我们对约3000条词汇的数据统计结果，不同元音的出现次数如下：

表2-1 元音出现频次统计

元音	ɑ	ɑ:	o	o:	ə	ə:	i	i:	u
频次	1414	884	834	604	1705	575	1455	527	992
比例（%）	47.10	29.50	27.80	20.13	56.83	19.16	48.50	17.60	33.07
元音	u:	e	e:	ɑi	oi	əi	ui	ɑu	əu
频次	186	213	170	126	19	795	30	124	68
比例（%）	6.20	7.10	5.60	4.20	0.57	26.50	1	4.13	2.27

以上为粗略统计，不甚准确，但也大致体现了达斡尔语不同元音在构词中的活跃程度和出现频次等。①

---

① 统计表仅为对不同元音的出现频次和比例予以展示和体现，其中部分单元音和长元音的统计中有一定交叉或重复。

二 复合元音

布特哈方言有/ɑi/、/oi/、/əi/、/ui/、/ɑu/、/əu/等复合元音。其中əi、oi、əu、ɑu仅出现于词的第一音节，əi、ui则可出现于任何音节。如：

/ɑi/	ail tʰurs	乡下	sain	好		
/oi/			xoir	二	noitʰun	湿
/əi/	əimər	这样	xəin	风	pəi	在
/ui/			kʰuitʰun	冷	suitur	露
/ɑu/	ɑul	山	nɑur	湖	tʃɑu	百
/əu/	əus	草	səul	尾巴	təu	弟弟

三 借词元音

此外，达斡尔语中还包括/ʅ/、/ʮ/、/y/、/ʅ:/、/y:/、/ər/、/yɑ/、yɑ:/ye:/等源于汉语借词的借词元音，这几个借词元音经历了由固有元音替代、自由变读而后逐渐过渡到完全借用的发展过程，现已成为达斡尔语音系统中不可或缺的组成部分。例词如下[①]：

/ʅ/			sʅmu	字母	tʃʰyntsʅ	裙子
/ʮ/			ʂʅ:tsʅ	柿子		
/y/	y ji:	雨衣	ly təu	绿豆		
/ʅ:/			ʂʅ:tsʅ	西红柿	tʂʅŋ tsʅ:	政治
/y:/			tʃy:tsʅ	橘子	tʃy:	侄子
/ər/	ərmo:s	二毛子"混血儿"	ərxu:	二乎"傻"		
/yɑ/	yɑn	砚	i:yɑn	医院		
/yɑ:/	yɑ:dəntʃe:n	鸭蛋青				
/ye:/	ye:pin	月饼	ʃye:xʷɑ:kɑu	雪花膏	yɑnʃye:	元帅

---

① /ər/、/yý:/、/ye:/，三个借词元音的例证引自恩和巴图《达斡尔语与蒙古语》，内蒙古人民出版社1988年版，第81页。

四　元音和谐

布特哈方言纳文土语除了借词元音以外，18个固有元音根据其性质可分为阳性、阴性和中性三类。阳性包括ɑ、i、o、oi、e、ɑ:、au、o:、e:等，阴性元音包括ə、əu、u:、ə:、əi、ui等，中性元音包括i、i:、u等。除了阳性元音、阴性元音内部和谐以及均与中性元音发生和谐关系外，第二音节的i与第一音节的展唇元音和谐；u与第一音节的圆唇元音（包括oi和ui等）和谐；i可和第一音节的任何元音和谐。音节首位置元音决定其后续音节位置出现的元音，不同元音之间和谐情况如下：

词首音节出现元音ɑ时，其后续音节中可以出现e、i、u、ə、ɑ:、o:、i:、e:、ui、əu、等元音。如：kɑleru:火钳，ɑlim梨，ɑnukʰʷ锁，mɑnən雾，ɑtʰɑ:kʰi蜘蛛，kɑlo:鹅，ɑʃki:翅膀，sɑru:l，月亮，nɑre:m谷子，tʰɑʃkui putʃʰ同学，ɑktəunər兄弟等。

词首音节出现元音ɑ:时，其后续音节中可以出现ɑ:、u、i、ə:、e:等元音。如：tʰɑ:rɑ:li:姑表亲，xɑ:lpur幔子，nɑ:tʃil娘家，xɑ:kə:糠，kɑ:pkʰe:刺等。

词首音节出现元音o时，其后续音节中可以出现u、ə、i、e:等元音。如：omul孙子，olən赚钱，orin位置，orto:n从前，koʃe:围裙等。

词首音节出现元音o:时，其后续音节中可以出现u、ə、i、o:、ɑ:、i:、e:等元音。如：xo:sun空的，虚的；tʃʰo:rəlti:小狗鱼；no:jin角儿；o:ntɑ为什么，tʰo:tʰo犁柱。

词首音节出现元音ə时，其后续音节中可以出现ə、i、u、u:、ə:、i:、e:等元音。如：tərəp枕头，ərin时间，kənsun凉，kʰərsu:白矾，ətə:现在，təki:鸟儿，əlke:n宽裕等。

词首音节出现元音ə:时，其后续音节中可以出现ə、i、u、ə:、e:、i:等元音。如：ə:nəl-占份额，ə:ji哦，啊（对下辈的答应）ə:kum凭记性，pə:lpə:tʰ蝴蝶，kʰə:ne:usukʷ赞美词，sə:si:purj尿布等

词首音节出现元音i时，其后续音节中可以出现ə、ə:、ɑ:、e:等元音。如：ʃimək骨髓，tilkʷə:苍蝇，ʃirtʰɑ:l沙子，iʃke:pəi举行等。

词首音节出现元音i:时，其后续音节中可以出现ə、ə:、ɑ:、e:等元音。如：tʃi:ləri被迫、着急，tʃirkʰɑ细究，tʃi:nkʰe:伸直的等。

词首音节出现元音u时，其后续音节中可以出现u、ə、ɑː、əː、eː等元音。如：utur白天，kurtʃʰrək戒指，utiʃ昨天，susaːm玉米，urəː铁锹，tʰulkeː腰带等。

词首音节出现元音uː时，其后续音节中可以出现u、ə、i、eː等元音。如：xuːlməːr风箱，sumuː子弹等。

词首音节出现元音ɑi时，其后续音节中可以出现ɑ、ə、ɑː、i、iː、等元音。如：mɑimɑn ʃipəi生意，sʷɑilin蚂蚁，nɑiniː叔母，ɑilaːpəi解绳子，ɑilək声音等。

词首音节出现元音ɑu时，其后续音节中可以出现ə、u、əi、ɑː、oː、iː、eː、ui等元音。如：sɑutəl寺院，神座，tʃʰɑutur霜，xɑujaːraːn大家，众人，nɑutʃʰo舅舅，ɑuʃe姐夫，ɑulkui爱怕等。

词首音节出现元音əu时，其后续音节中可以出现ə、əː、iː、u、əi等元音。如：əulən云，əukəːn丈夫，əurtʰiːxu病人，əuluŋkʷ沙果，nəurpəi呻吟等。

词首音节出现元音oi时，其后续音节中可以出现o、oː、eː等元音。如：xoikosopəi干呕，oiloːpəi挖掘，pʰoːleː曲棍球等。

词首音节出现元音ui时，其后续音节中可以出现u、əː、eː、oː、əi等元音。如：suitur露，suitʰkʰəːn小拇指，xui jeːlpəi责怪，xuikoːsopəi呕，kuipəi跑等。

词首音节出现元音əi时，其后续音节中可以出现ə、əː、uː、i、iː、əi等元音。如：əimər这样的，əikʰəːn这些，wəilətʃin xuː劳动者，wəiltʰiː xuː罪犯，wəilpəi劳动等。

表2-2　　　　词首位置词首音节和非词首音节中出现的元音统计

词首位置	非词首位置
ɑ	e、i、u、ə、ɑː、oː、iː、eː、ui、əu
ɑː	ɑː、u、i、əː、eː
o	u、ə、i、eː
oː	u、ə、i、eː
ə	ə、i、u、uː、əː、iː、eː
əː	ə、i、u、əː、eː、iː
i	ə、i、əː、ɑː、eː
iː	主要出现在借词里

词首位置	非词首位置
u	u、ə、ɑː、əː、eː
uː	u、ə、i、eː
e	ə、i、eː
eː	ə、i、eː
ɑi	ɑ、ə、ɑː、i、iː、
oi	o、oː、eː
ui	u、əː、eː、oː、əi
ɑu	ə、u、əi、ɑː、oː、iː、eː、ui
əu	ə、əː、iː、u、əi
əi	ə、əː、uː、iː、əi

第二节　辅音

一　辅音总体特征

布特哈方言纳文土语辅音系统包括p、pʰ、m、w、s、t、tʰ、n、l、r、ʧ、ʧʰ、ʃ、j、k、kʰ、x共17个单辅音。此外，还包括pʲ、pʰʲ、mʲ、tʲ、tʰʲ、nʲ、lʲ、rʲ、kʲ、kʰʲ、xʲ共11个腭化辅音和pʷ、pʰʷ、mʷ、tʷ、tʰʷ、nʷ、lʷ、sʷ、kʷ、kʰʷ、xʷ、ʧʷ、ʧʰʷ共12个唇化辅音。

二　单辅音

达斡尔语共有p、pʰ、m、w、s、t、tʰ、n、l、r、ʧ、ʧʰ、ʃ、j、k、kʰ、ŋ、x17个单辅音。

P	pɑs	又	pɑpək	拳头	tɑip	盖子
pʰ	pʰuspəi	繁殖	tʰopʰoːr	斧头	sɑrpʰ	筷子
m	mɑkəl	幅子	tʰəməːn	大穿针	susɑːm	玉米
w	wɑr	进	əwəː	母亲		
s	sɑrpʰ	筷子	susɑːm	玉米	os	水

t	tǝu	弟弟	ǝtǝ:	现在	xot	星星
tʰ	tʰǝr	他	ʃirtʰa:l	沙子	mǝ:rtʰ	蚯蚓
n	nar	太阳	ninkǝ:n	薄	ǝulǝn	云
r			ortʰ	长	xʷar	雨
l	lartʃʰ	叶子	tʃʰolo:	石头	ǝl	葱
tʃ	tʃakʰ	东西	katʃʰir	地方	mǝkǝtʃ	母猪
tʃʰ	tʃʰa:s	纸	tʰitʃʰo:r	平坦的	lartʃʰ	叶子
ʃ	ʃar	黄	kaʃka:r	单	utiʃ	昨天
j	jas	骨头	ta:ja:r	根本		
k	karj	手	sokur	瞎子	tʰasǝk	老虎
kʰ	kʰimtʃʰ	指甲	kʰǝ:kʰǝ:	猫	nǝkʰ	一
x	xamǝr	鼻子				

三　颚化辅音

达斡尔语共有pʲ、pʰʲ、mʲ、tʲ、tʰʲ、nʲ、lʲ、rʲ、kʲ、kʰʲ、xʲ共11个腭化辅音。如：

pʲ	tʰapʲ	五十		tʃipʲtʃ	嘴角	sapʲ	鞋子
pʰʲ	pʰʲaus	瓢					
mʲ	mʲak	肉		amʲna:pǝi	生活		
tʲ	tʲallǝ	晚					
tʰʲ	tʰʲap	整（天、日、年）				atʰʲ	驮
nʲ	nʲatǝm	脸		monʲo:	猴子	xonʲ	烟
rʲ				parʲpǝi	抓	morʲ	马
lʲ				aulʲa:rǝn	交叉	xǝlʲ	舌头
kʲ	kʲala:n	间				arkʲ	酒
kʰʲ	kʰʲaur	虮子		kʰʲo:l	马上	xǝkʰʲ	头
xʲ	xʲatʰ	破碎					

四 唇化辅音

达斡尔语中共有 pʷ、mʷ、sʷ、tʷ、tʰʷ、nʷ、lʷ、ʧʷ、ʧʰʷ、ʃʷ、kʷ、kʰʷ、xʷ 等13个唇化辅音。如：

pʷ	pʷakʰən	模糊的	urpʷpəi	练习	turpʷ	四
mʷ	mʷə:	磨	mʷə:kə:	蘑菇		
sʷ	sʷar	跳蚤	xəsʷun	缘分，		
tʷ	tʷar	下				
tʰʷ	tʰʷal	灰尘，				
nʷ	nʷanxʷ	暖水瓶	əli: sanʷt	渴望，		
lʷ			ʃullʷs	口水，		
ʧʷ	ʧʷal	火把灯				
ʧʰʷ	ʧʰʷak	军队				
ʃʷ	ʃʷa:tsɿ	刷子				
kʷ	kʷarpə	三	tʰokʷlo:r	鹤	nu:kʷ	窟窿
kʰʷ	kʰʷa:m	脖子	orkʰʷpəi	盛	lonkʰʷ	瓶子，
xʷ	xʷar	雨	fənxʷaŋ	凤凰，		

五 借词辅音

达斡尔语受汉语长期影响，出现了几个借词音位：f、ŋ、ts、tsʰ、tʂ、tʂʰ、ʂ 等。其中 f、ŋ 主要用于拼写满语和汉语借词。f 只出现于词首，ŋ 多见于词末。这两个辅音进入布特哈方言有其特殊的历史背景：17世纪初，达斡尔族由黑龙江流域南迁至嫩江流域之后，在地理上更接近满、汉地区。随着达斡尔族地区满文学堂的普及，大量满语借词逐渐进入到达斡尔人的口语中，同时，部分早期汉语借词也通过满语进入达斡尔语中。在早期满语和汉语借词中，f 多由 p 或 pʰ 替代，ŋ 则多由 n 替代。除 f 和 ŋ 两个借词辅音在布特哈方言中比较稳定以外，汉语中的 ts、tsʰ、tʂ、tʂʰ、ʂ、z 等辅音在布特哈方言中有时与其相接近的辅音替代。如：

f	fəitʃi:（pəitʃi:）	飞机	tʷə:fu 豆腐（tʷə:pu:）	
ts	ʂɿtsɿ（ʂɿtʃɿ:）	柿子		

tsʰ　tʂʅ̩ŋ tsʰə:（tʂʅ̩ŋtʃʰə:）　　　政策

tʂ　tʂau ʃaŋ tʃi:（tʂau ʃaŋ tʃi:）照相机　　　tʂʅ̩ŋ tsʅ:（tʂʅ̩ŋ tsi:）政治

ʂ　ʂəu kə: tʃi:（ʃəu kə:tʃi:）　　收割机　　　tⁱan ʂʅ̩（tⁱanʃi:）　电视

z̩　tʂuzə̩n（tʂurən）　　　　　　主任

第三节　音节

一　元辅音组成的基本类型

达斡尔语布特哈方言有v、vc、cv、cvc四种基本类型，由这四种类型衍生出vv、vvc、vvcc、vvcc、cvv、cvvc、cvcc、cvvcc等8种扩展类型。其中，v、vv、vc、vvc、vcc、vvcc等类型只出现在词首；cv、cvc、cvcc、cvv、cvvc、cvvcc可以出现在词首和非词首。此外，元音开头的音节只在词首出现，词尾没有短元音开音节。

结构	例词	汉义	例词	汉	例词	汉义
v	ɑ:	住	o:	义	ə:	哎，哦（惊奇，醒悟等）
vc	os	水	əl	葱	or	位子，位置
cv	pʰɑ:	我们（排除式）	pʰi:	我	xi:	做，干，写
cvc	nər	名字	xal	姓氏	mur	肩，肩膀
vv	au	宽的	əi	这样，如此	ai	害怕
vvc	ail	村，屯，氏族	aul	山	əut	门
vcc	antʰ	味道　滋味	altʰ	金	ars	皮，皮肤
vvcc	aurkʰʲ	肺	aurt-	战死，阵亡	aultʒ-	结合，相见
cvv	nəu-	搬家	pʰəi	有，在	xau	蒸
cvcc	tʰartʰ	摇篮，摇车	tʃʰars	柞木	naur	湖，池
cvvc	xaitʃʰ	鳞	xoir	二	xaul	荞麦
cvvcc	nəurs	乌拉草	kʰails	榆树	saintʰ	刚才

二　复辅音组成的音节类型

pt	tʃapt-	来得及，趁……之机					
ptʰ	əptʰ	轧板，托板	taptʰ-	同tartʰ-	təptʰleːn	本子，册子	
ps	aps	棺材	kʰips	栽绒毯，地毯	kʰupsəːr	轻飘飘的，松软的	
ptʃ	kʰaptʃ	山峡，狭窄的	kʰaptʃ	夹子	tʃoptʃ-	套	
pʃ	tapʃ	（鞋、靴）挤脚的					
pkʰ	apkʰ	页	tʰəpkʰ	衣袋，小袋，小套	tʃapkʰ	缝隙	
mp	lamp	搭放	əmp	塌陷，透，穿	namp-	盖（被子等）	
ms	sums	灵魂	sums	饭汤，米汤			
mtʃ	kʰimtʃ	指甲，爪	məmtʃ	软骨			
mʃ	kʰumʃ	俯着					
nt	ant	安达，狩猎盟友	ənt	这里	tʰant	那里	
ntʰ	antʰ	滋味	saintʰ	刚才	ʃantʰ	熟麻	
ns	xuns	灰	kʰəns	撕，破	mons	稠李树	
ntʃ	mantʃ	满洲	səntʃ	把手	tʃentʃ	扁担	
ntʃ	kʰantʃ	衣袖	mantʃ	野蒜	montʃ	穗子	
lpʲ	xalpʲ	船桨					
lpʷ	olpʷ	马褂					
lpʰʷ	tʃulpʰʷ	透，串					
lt	alt	庹	əːlt	天灵盖，颅，脑盖	tʰʷalt	为……，……也好	
ltʰ	altʰ	金	paltʰ	粗磨的米	sarmiltʰ	眉毛	
ls	ols	麻，线麻	kʰails	榆树	kʰols	芦苇	
ltʃ	kaːltʃ	蛔虫	meltʃ	塌下，压塌	taltʃ	关系，关联	

lʧ	larʧ 叶	tʰurʧ 纽扣	tʰurulʧ 榛仁，果仁
lkʲ	pulkʲ 肌腱		
lkʷ	polkʷ 全，都	kulkʷ 狗崽子，树芽	tʲolkʷ 小鳟鱼
lkʰʲ	xʷɑlkʰʲ 锅台		
lkʰʷ	nɑlkʰʷ- （马等）受惊，惊闪		
rpʲ	kʷɑrpʲ- 三股合拧		
rpʷ	porpʷ 罐子	kʰurpʷ 草舍	turpʷ 四
rt	ərt 早晨	kʰurt 轮	mʲɑrt 豹
rtʰ	ɑrtʰ 骟马	ortʰ 长的	sərtʰ 聪明的
rs	ɑrs 皮，皮肤	nɑrs 松树	tərs 席子
rʧ	mə:rʧ （冻裂的）地缝	sərʧ 填圈草，乱糟糟，烂脏	ʃirʧ 犁身，犁辕
rʧ	xusurʧ 头绳	kʰɑrʧ 劫，灾难	kʰurʧ 弓弦
rʃ	lərʃ 神座	tʰərʃ 整齐的	torʃ 麻经子
rkʲ	xɑrkʲ 浅谈	xɑrkʲ 浅谈	sɑrkʲ 扣眼
rkʷ	xorkʷ 虫	murkʷ 大鲤鱼	ʧərkʷ 辘轳
kʰʲ	torkʰʲ 联系，缘由	ʧerkʰʲ 拍板	
rkʰʷ	kʰorkʰʷ-搅和，搅拌	ʃurkʰʷ- 同nenkʰ-	
kʲ	onkʲ 刀柄眼，刀柄孔	tankʲ 懒的（马）	
kʷ	unkʷ 颜色	munkʷ 银	kankʷ 挂钩，弯钩
nkʰ	kʰənkʰ 瓜	ʧɑ:ŋkʰ 痧，急腹症	
nkʰʲ	pɑ:nkʰʲ 水壶，背壶	tʰonkʰʲ 点，字点	ʧi:nkʰʲ 胯骨尖
nkʰʷ	tʰonkʰʷ-拱地		

第四节　重音

达斡尔语布特哈方言纳文土语的重音一般固定地落在词的首音节上，

其特点表现为无论是何种性质的元音，其发音均完全、清晰，但达斡尔语的重音没有区别词义的作用，不是独立的重音音位。由于重音一般都固定在词的首音节上，致使第一音节以后音节中的某些元音或辅音常出现弱化或在构词构形过程中脱落的现象。这在齐齐哈尔方言中表现比较突出，而在新疆方言中重音有一种趋于后移的现象。

第五节　语音变化

　　达斡尔语的元音系统音变较少，仅有ɑ的前化和弱化等现象。辅音系统里则以同化、脱落等条件音变为主，也有部分自由音变的现象。[①]

　　达斡尔语属于黏着语，其构词和构形变化时需要在词根后附着各种不同的附加成分，由于元音和谐律等韵律特征的制约，附加成分也具有多种变体，以适应不同的元音结构。另外，又因为受音节节律的限制，相连的元音之间需要增加一定的语音形式，以符合传统音律模式。

一　结构音变

　　达斡尔语口语中，/ɑ/在舌尖辅音前似有位置前化为［a］甚至［æ］等的变体形式。如：如kʰalj，"擦，碰"；pat "咱们；patniː咱们的"等词中的a均可读作前元音æ。又如：aːkaːsaː~aːsaː："是，如果是"，utkai~utai "就是"xairəltʃ~xailtʃ "爱惜"。

　　非词首音节的部分长元音似有弱化为ɑ的趋向。如：palkaːs "柳树"，xʷainaːr "以后"，monjoː "猴子"，saruːl "月亮"，aməltʰiː "叔父"，mortʰeː "犟"等词中的长元音读作相应的短元音。[②]

---

　　① 本节部分例证引自恩和巴图《达斡尔语与蒙古语》，内蒙古人民出版社，1988年版第163—168页。

　　② 哈斯其木格：《达斡尔语音系研究》（博士学位论文，中央民族大学，2017年）中也对达斡尔语第二音节之后的元音弱读现象进行了专题实验及相关分析，其结果也证实了上述现象的存在。

二　语流音变

1. 同化

k-ɣ：ilk（ɣ）ɑː"花"，jɑːk（ɣ）ə"木炭"，pɑːk（ɣ）ən"坟墓"

n-ŋ：tʰə（ŋ）kər"天"，tan（ŋ）k"烟，达斡尔烟"

2. 增音

在需要增加某些后加成分时，如果结尾的是长元音，而附加成分的首音节也是长元音，这时需要增加某些音。如：

minɑː+ɑːr→minɑːjɑːr"用鞭子"　akʰɑː+iːk→akʰɑːjiːk"哥哥的"

uʧ+rt→uʧirt"被看见，出生"，uʧ+rsəːt→uʧirsəːr"看着看着"

ɑlkʷ+rsɑːr→ɑlkursɑːr"一直走着"，os+t→osut"于水"

3. 脱落

非词首音节尤其是多音节词末音节的ə易脱落。如：tʰwɑːlək（tʰwɑːlk）"柱子"，matɑːrən（matɑːrn）"终于"等。在亲属称谓中，此类简化或脱落现象更为普遍。如：ʃiwən　akʰɑː读作ʃiwakʰa"西文哥"。

三　自由音变

达斡尔语中自由变音现象较为少见，只是个别辅音发生这些音变现象。如：

k（x）~ʃ：kiː（xiː）~ʃiː"做"，xik~ʃik"大"xinət~ʃinəːt-"笑"

l~n：ul~un"不"，

ʧ~j：jauʧɑːpəi~jaujɑːpəi"正在走"，sauʧɑːpəi~saujɑːpəi"正在坐"

s~l：xəlsən~xələn"说了"talsən~tallən"放了"

s~t：kʰatsən~kʰttən"干了"

第三章　词汇

第一节　词汇特征

达斡尔语词汇由固有词和借词两部分组成。固有词大部分与同语族或同语系语言的词汇同源，其中，与蒙古语同源的词汇约占50%，与满—通古斯语同源的词汇约占10%，汉语借词约占10%。此外，还有20%左右的既不同于同语族语言的词汇，也不同于同语系语言的词汇的独有词。其中，有诸如kʰɑsoː"铁"、wurkʰ"边壕"等与同语族的契丹语相同的词汇，诸如tʰərkul"路"、xonʲ"烟"等与中世纪蒙古语相同等词汇。达斡尔语的词根据其意义特征及语法特征分为可变化词类：名词、形容词、数词、代词、时位词（以上为静词类），动词和不变化词类：副词、情态词、后置词、连接词、语气词、模拟词和感叹词。名词有数、格及领属范畴。名词的数是由不带特定词缀的词干形式的不定数和带有特定复数词缀的复数所构成。名词的格分基本格（主格、领格、与位格、宾格、凭借格、界限格、共同格）和非基本格（程度格、确定方位格、不确定方位格、由来格、方向格、目标格、定格）。除主格外其余格均有特定的词缀。名词有三个人称的单、复数领属词缀和反身领属词缀，其中第一人称领属人称词缀又分为排除式和包括式两种。达斡尔语的形容词的大部分都能既修饰名词，也能限定动词。非派生的形容词没有特定的标志。达斡尔语的形容词可以加接特定的词缀表示加强或减抑的意义，没有比较级或最高级的特定词缀，可以带数、领属、格和谓语人称词缀，在句中可做各种成分。达斡尔语的数词可分基数词、集合数词、序数词、分配数词、次数词、分数词等。时位词有特定的词缀，可分为名词型和副词型两种。代词分为代静词、代动词和代副词。代静词包括人称代词、指示代词、疑问代词、不定代词、范围代词和反身代词。动词分为普通动词、代动词、概称动词、助动词和联系动词。动词有式动词、形动词、副动词及态、体范畴的变化。式动词分陈述式动词和祈使式动词，陈述式动词又有时、人称和数的形态变化，有特定的时间和谓语人称词缀。祈使式动词又分普通式和暂缓式两种，有特定的词缀。形动词分为表示时间的和表示特征的两部分，均有特定的词缀。副动词分为单纯连接副动词和制约连接副动词，有特定的词缀。动词有及物动词和不及物动词之分。动词的态分为自动态、使动态、被动态及同动—互动态。动词可以用特定词缀或分析形式、叠词形式表示反复体、短暂体、趋向体、完成体和进行体的语法意义。

第二节　构词法

达斡尔语的词可以分解为词根和词缀两部分。其中，词缀主要为后加，一个词根可以一次附加多个附加成分，每个附件词缀一般只含一种意义，或具有构词或具有构形意义，也有少量具有构词和构形双重意义。达斡尔语的构词法主要以派生法和合成法为主，分述如下。

一　派生法

（一）派生名词的构词后缀

1. 由名词派生名词的构词后缀

原词	词义	附加成分	新词	词义
mal	牲畜	-ʧʰin	mal-ʧʰin	牧民
nəmə:r	讷莫尔河	-ʧʰe:n	nəmə:r-ʧʰe:n	讷莫尔人
paʧ	连襟	-a:li:	paʧ-a:li:	（互为）连襟
kʰə:l	肚子	-rʧʰ	kʰə:l-rʧʰ	肚围
xon	绵羊	-rs	xon-rs	绵羊皮
sə:	尿	-nkʰ	sə:sə-nkʰ	膀胱

2. 由动词派生名词的构词后缀

原词	词义	附加成分	新词	词义
tala-	补	-s	tala:-s	补丁
nartʃʷ-	耙	-r	nartʃu-r	耙
ula:-	流传下来	-pun	ula:-pun	传统
a:-	住，在	-təl	a:-təl	生活
mət-	知道	-ə:	mət-ə:	知觉，神经
it-	吃	-ʃ	it-əʃ	食物
amna:-	生活	-lətʃ	amna:-lətʃ	生活
ʃat-	会	-l	ʃat-əl	能力，本领
pot-	染，涂	-o:r	pot-o:r	颜料
məltʃ-	比赛	-ə:r	məltʃ-ə:r	比赛
patʰ-	狩猎	a:tʃʰ（in）	patʰ-a:tʃʰ（in）	狩猎者，猎手
xutul-	动	-tʃə:n	xutul-tʃə:n	活动
a:-	住，在	-ktʃʰ	a:-ktʃʰ	生活
kas-	遇灾	-tʃən	kas-tʃən	灾，灾难
tʰortʰ-	停，站住	-tʃun	tʰortʰ-tʃun	稳定性
ors-	流	-o:l	ors-o:l	水流
tur-	卖	-ə:n	tur-ə:n	买卖
tʰipkʰ-	钉	-ə:s	tʰipkʰ-ə:s	钉子
kar-	出去	-tʃ	kar-tʃ	损失，支出
tʰatʃʰ-	教	-in	tʰatʃʰ-in	教养
aila:-	解开	-kʰa:	aila:-kʰa:	解绳（游戏）
xa:-	关，堵	-lpur	xa:-lpur	帐幔
xinə:t-	笑	-m	xinə:t-əm	笑话

（二）派生动词的构词后缀

1. 由名词、形容词派生动词的后缀

原词	词义	附加成分	新词	词义
ʧuʃuːn	酸的	-l	ʧuʃuː-l-	变酸，发酵
sɑrteː	老	-lɑː/-lə	sɑrteː-lɑː-	变老
sʷal	松的	-t	sʷal-t-	变松
kar	手	-tɑː/-tə	kar-tɑː-	动手抓
ʧip	锈	-tʰ	ʧip-tʰ-	生锈
sain	好	-ʃeː	sai-ʃeː-	褒，夸奖

2. 由名词派生动词的后缀

原词	词义	附加成分	新词	词义
tʰos	油	-tɑː	tʰos-tɑː-	上油
kar	手	-tɑː	kar-tɑː-	动手抓
lontʰ	笼头	-la	lontʰ-lɑː-	套笼头
ʃitər	马绊	-lə	ʃitər-lə-	绊马
tau	声音	-t-	tau-t-	读，鸣叫，说话
antʰ	味道	-ʃeː-	antʰ-ʃeː-	感兴趣，有兴味
tʰuʷɑː	锅	-ʧʰil（-ɑːʧʰil）	tʰuʷɑː-ʧʰil-	做饭
waʧ	足迹	-mə	waʧ-mə-	跟踪
kɑːn	道理	-nə	kɑː-nə-	讲道理
ukul	冬天	-ʧ	ukul-ʧ-	过冬
nukur	朋友，爱人	-ʧʰ	nuku-ʧʰ-	相爱，携手
opoː	堆	-r	opoː-r-	堆集，聚集
tʰaul	谜语	-kʰɑːʧ/-kʰəːʧ-	tʰaul-kʰɑːʧ-	（互相）猜谜
xwonʲ	烟	-rkʰɑː	xoni-rkʰɑː-	烟熏
usukʷ	话，语言	-lʧ（-nʧ）	usuku-lʧ-	说话
kʰuʧʰ	力量	-ːlpiː	kʰuʧʰ-ilpiː-	努力，奋力
xəin	风	-s	xəi-s-	刮风

3. 由形容词派生动词的后缀

原词	词义	附加成分	新词	词义
xɑr	黑的	-l	xɑrə-l-	变黑
ʧusuːn	酸的	-t	ʧusu:-t-	感到酸
sarteː	老	-lɑː	sarteː-lɑː-	变老
wair	近的	-tʰ	wair-tʰ-	接近
sain	好	-ʃe:	sai-ʃeː-	褒，夸奖
moː	坏	-ʧʰil	moː-ʧʰil-	当坏的看，小看
xaluːn	热	-ʧʰ	xaloːn-ʧʰ-	热，感到热
kʰuitʰun	冷	-r	kʰuitʰu-r-	变冷
xulɑːn	红的	-iː	xʷal-iː-	变红

4. 动词派生的动词后缀

原词	词义	附加成分	新词	词义
par-	抓，拿	-mɑː/-mə:（-rmɑː）	par-mɑː-	强行做某事
tərt-	飞，漂	-mə:	tərt-mə:-	狗刨式游泳
xar-	看	-ʃe:	xar-ʃeː-	看护，照料
xarəm-	搂	-tʰɑː：（-ltʰɑː）	xarəm-tʰɑː-	保护，维护
pʰai-	费心	-pu:	pʰai-puː-	花费，使用
ʧʰiː-	变紧	-kʰɑː（-kʰɑːʧʰ）	ʧʰiː-rkʰɑː-	细究
nətʰ-	宽衣，敞胸	-ə:lʧ	nətʰ-ə:lʧ	衣服穿得不严，衣服不系扣

5. 由虚词派生的动词后缀

原词	词义	附加成分	新词	词义
kʰur kʰur	着火声	-kʰir	kʰur-kʰir	呼呼地燃烧
pʰar pʰar	喧哗声	-kʰj	pʰar-kʰj	发出喧哗声
tʰuŋ tʰuŋ	咚咚声	-kʰin	tʰuŋ-kʰin	发出咚咚声
kalpən kalpən~ kalpur kalpur	闪烁状	-ə:lʧ	kalp-əlʧ- ~kalpə-ʧəlʧ-	频频闪烁
kʰəlpən kʰəlpən	摇晃状	-iː	kʰəlp-iː-	倾斜

6. 其他

原词	词义	附加成分	新词	词义
无		-l	tə:tu-l	亲昵（小孩）
无		-tʰ	kʷɑ:r-tʰ	喧哗
无		-o:ʧʰil	kokʰ-o:ʧʰil	公鸡啼鸣
无		-kʰɑ:	ʃop-kʰɑ:	悄语
无		-ʃ	kon-ʃ	叨咕
无		-o:	tʰɑntʰ-o:	透出，扎通

（三）派生形容词的构词后缀

1. 由动词派生形容词的构词后缀

原词	词义	附加成分	新词	词义
wail-	哭	-nkʰe:	wailə-nkʰe:	好哭的
ʧulʧi:	歪，斜	-kʰui	ʧulʧ-kʰui	歪的，斜的
ətʰ	胜	-kʰun	ətʰ-kʰun	巨大的
sortʰ-	醉	-o:	sortʰ-o:	醉了的
xul	留	-u:	xul-u:	多余的
amər-	休息	-ɑ:n	amr-ɑ:n	舒适的
it	吃	-lən	it-lən	能吃的
ʃat-	会	-mul	ʃat-mul	逞能的
tu:r-	满	-kʰw	tu:r-kʰw	满的
pʰanʧʰ	生气	-mo:	pʰanʧʰ-mo:	令人生气的
palt	滑	-kʰɑ:	palt-kʰɑ:	滑的
tʰɑ:l	喜爱	-rtʰkʰw	tʰɑ:lə-rtʰkʰw	可爱的，令人喜爱的

2. 由名词派生形容词的构词后缀

原词	词义	附加成分	新词	词义
nər	名字	-tʰi:	nərtʰi:	有名的，著名的
xʷar	雨	-lən	xʷarlən	雨大的，涝
taŋk	烟	-mɑ:	taŋkəmɑ:	爱吸烟的

tʃorin　　目标　　-pʰoː　　tʃorin-pʰoː　　　有志气的

3. 由形容词派生形容词的构词后缀

原词	词义	附加成分	新词	词义
unun	真的	-kʰiː	unuŋ-kʰiː	诚实的
ortʰ	长的	-ltʃʰeːn	ortʰu-ltʃʰeːn	长形的
xulɑːn	红	-tʰi	xulɑːnti:~xulɑːtiː	红的

二　合成法

达斡尔语合成构词法构成方式如下[①]：

（一）并列式

kʰər tʰərəkʰ　家庭（房子+车）　　moːtʰ tʰʃoloː　东西（木头+石头）

kʰakʰə nokʰw　家畜（猪+狗）　　　əus moːtʰ　柴火（草+木头）

əməkʰ kʰwəkʰ　妻小（女人+小孩）　sartʰe: tʃɑːlo:　老少（老年+青年）

xikʰ utʃʰkʰən　大小（尺寸+大 小）　xol wair　远近距离（远+近）

xəlʲ am　口才（舌头+嘴）　　　itʰʃoːʃ　食品（食物+饮品）

（二）主谓式

suː kʰarpʰəi　下奶（奶+出）　　xəkʰj tʃʰikʰərpʰəi　头晕（头+晕）

noir kʰurpʰəi　困（瞌睡+到）　　tʰotʰər kʰorkʰwpʰəi　恶心（里面+搅动）

（三）定中式

kʰɑːsoː tʰərkʰul　铁路（铁+路）　　kʰal tʰərəkʰ　火车（火+车）

xar mjakʰ　瘦肉（黑+肉）　　　　kʰuː pəs　玉带（玉+带）

altʰ tʰankʰraː　金碗（金+碗）　　　pʰaləkʰ pʰən　瓦盆（土+盆）

altʰ xorkʰw　蟑螂（金+虫子）　　　altʰən kʰatʰ　北极星（金+木橛子）

unjeː məkʰ　狼毒（母牛+乳房）　　tʰəməː məkʰ　大戟草（骆驼+乳房）

---

① 例证分别引自欧南.乌珠尔《达斡尔语概论》，哈尔滨出版社2003年版，第89页；恩和巴图《达斡尔语与蒙古语》，内蒙古人民出版社1988年版，第556—561页。

（四）述宾式

sain xaso:　请安、问好（好+问）　　xa:nə iʧʰ　去哪儿（哪里+去）

nəkʰə: mətʰpʰəi　吃苦、受 折磨　　　sana: aupʰəi　不满意、计较、委屈

（苦头+知道）　　　　　　　　　　　（思想+要）

ʃitʰə: ʧʰaupʰəi　忍耐（牙齿+咬）　　tʰo:r olpʰəi　入迷、尝到甜头、

　　　　　　　　　　　　　　　　　（甜头+拿到、取到）

（五）述状式

pʰu:tʰə:ʧʰ pʰaikʰapʰəi　建设（覆盖+　walʧʰ kʰəkʰpʰəi　哭泣（哭+丢失）

树立）

ʧʰakʰ iʧʰpʰəi　断（断+去）　　　　　tʰur jaupʰəi　断了（全+走）

pʰeʧʰ jaupʰəi　碎（粉碎+走）

（五）简缩式

xatʰəm 岳家	+	aʧʰa: 父亲		≥	xatʰəmʧʰa: 岳父	
ərkʰun 男人	+	əmkʰun 女人		≥	ərme:ʧʰə:r 夫妻	
xikʰ 大	+	akʰa: 哥哥	+	aʧʰa: 父亲	≥	xikʰa:ʧʰa: 伯父
xikʰ 大	+	əkʰə: 姐姐	+	əwə: 母亲	≥	xikʰə:wə: 伯母

第三节　词汇的构成

一　共有词

　　所谓"共有词"是一种折中的说法，是为了避免使用"同源词"或其他说法带来的麻烦，也为了给深度讨论提供便利和基础。经过初步比较，我们发现在达斡尔语中与阿尔泰语系共用词可分为同语系共有词汇、分别

与不同语族的共有词等，以下以举例性质分列并简要说明如下。①

（一）阿尔泰语系三个语族共有词

如表3—1所示，我们以语音形式和语义相同或相似程度由大至小为序排列的词表中，不同语族之间以及不同语族内部语言情况不尽相同。②其中，突厥语族语言之内部相似度较高，而尤其是新疆境内分布的几种突厥语族语言更高，相对来说，分布于甘青地区的撒拉语和西部裕固语稍有变化。蒙古语族内部语言的情况较为复杂，其中，分布于甘青地区的几种语言由于各种原因而发生变异的现象较为明显，东乡语、保安语尤为突出。满—通古斯语族语言表现为满语与锡伯语变异较多，其他三种语言则与同语系其他语族语言之间保持一定的相似度。达斡尔语（布特哈方言）在同语系的情况表现为绝大多数词汇与蒙古语保持高度一致，个别词则分别与突厥语族和满—通古斯语族的某些语言更为接近。

（二）蒙古语族与满—通古斯语族共有词

表3—2中蒙古语族和满通古斯语族语言共有词的情况可分为以下几类：第一类为两个语族各语种均相同或相近：如"我""你""我们""嘴""马""盐""肉汤、汤""早晨""醉""羊"等；第二类为仅有1至2种语言有不同形式的词语，但使用的仍是固有词，如"他""身体""敖包""美丽""拉""斧子"等；第三类为大多数

---

① 以下各表格中的词例选自不同词典或工具书等，其中，蒙古语族语言词例绝大部分拮自孙竹（1990）（蒙古语方言以标准音点正蓝旗为准）、突厥语族语言例词拮自陈宗振等《突厥语族语言词汇集》（1990）；满通古斯语族语言例词拮自朝克《满通古斯语族语言词汇比较》（2014）等辞书工具书。同时也参考了清格尔泰等《蒙古语族语言方言研究丛书》（1987—1988）、《中国少数民族语言简志丛书》修订本编委会（卷伍、卷陆）等志书和相关语言论著中的词汇材料。此外，除了个别词外，尽量保持了原辞书或工具书及相关论著中的标音形式，在某些语种出现两个词义以主要词义或与其他语种更为接近的词义为准。

② 表格中个别词在语义上有一定交叉现象，如突厥语族中的"bɑj"一般为"富有的"之义，同时也指"财主"；蒙古语族语言和满—通古斯语族为"富足、富裕的"。在突厥语族中"kytʃ"除了"力气""力量"词义外，还有其他几个相关近义词；又如"tɑrt"：除了"拉"之外，在不同语言中该词还有"抽""扯"等义；"oldʒɑ"满通古斯语族语为"俘虏"在突厥语族语言为"战利品"，"俘虏"则有"ɛsir"（维吾尔等语言），"tutqən"（哈萨克语等语言）等变体形式；蒙古语族多数语言为"利润、战利品"，但达斡尔语则与满—通古斯语语义一致，为"俘虏"。

语言使用较为一致的固有词，个别语种则使用借自汉语、突厥语族语言等不同语言的词语，如"麻""柳条""城市""书""模样""夹子""万"等，这种现象主要出现在分布于甘青地区蒙古语族的土族、东乡和保安等语言中。达斡尔语则保持与两个语族大多数语言较为一致的语音形式和语义内涵。

（三）突厥语族与蒙古语族共有词

表3—3中突厥语族和蒙古语族语言共有词无论在数量上还是在词汇内容上都不同于上述两个表格中的词汇，表现为总体上数量小，内容主要集中于游牧类词汇等。达斡尔语的情况与表3—2的基本相似，即保持了较多的原始词汇语音和语义形式。

表3—1

阿尔泰语系共有词

突厥语族								蒙古语族						满—通古斯语族					汉语
维吾尔	哈萨克	柯尔克孜	乌孜别克	塔塔尔	图瓦	撒拉	西部裕固	蒙古	达斡尔	东部裕固	土族	东乡	保安	满语	锡伯	鄂温克	赫哲	鄂伦春	汉义
baj	baj	baj	baj	baj	baj	bar	baj	bajiŋ	bajin	bajan	baʤan	baʤan	bajaŋ	bajan	bajin	bajin	bajin	bujin	富
batur	bater	bater	batir	batar	batɣr	bater	bater	baːtər	bater	batər	baːtur	badulu	nɔɢdɑŋ kuŋ	baturu	batura	baːtur	baturu	baturu	英雄
altun	altan	altan	altin	altan	aldɯn	altun	ahldən	alt	alt	aldan	xaldan	antan	altaŋ	aisin	aiʃin	altan	altan	aiʃin	金子
haraq	baraq	baraq	baq	ebra	araʁ	somma	erɑɓɑŋ	xɔːa	ariʁi	erke	ɕæd	tarasun	rəku	eruu	erʁa	akki	araki	arki	酒
arslan	arstan	arstan	erslan	aralan	arazlan	sizi	ahrslan	arslan	arslan	arslan		sidʒi		arsəlan	arsəlan	arʃalan	arʃalan	arʃalan	狮子
kytʃ	kyʃ	kyʃ	kyʃ	kyʃ	gyʃ	guʃ	guhʃ	gʉtʃ	kutʃ	kuʤən	kuʤi	lilian	ɕad	husun	husun	hasəŋ	kutʃun	kutʃun	力气
tart	tart	tart	tart	tart	tɣrt	dat	dahrt	datax	tatagu	hda	tala/lakə	laji		tata	tata	taː	taː	tate	拉
dala	dala	dala:	dele	dala	tɑːre	diod		tal	tal	tala	tala:	pinʤen		naʧin tal	tal	taː	taː	tal	平原
olʤa	olʤa	olʤo	ʤolʤa	olʤa	olʤɑ	jɣl	gøz	olʤo	olʤ	olbor	ɕkildɕica ser	lirun	gortəɢ	oldʒi	oldʒi	oldʒi	oldʒa	oldʒi	伴房
pittig	enttb	nttbp	pittiʤ	entta	xɑtɣ	xadʁa	ʁadəɕə	ŋɑtuː	katen	ɢadu:	xadoŋ	quttun	χotoŋ	hadan	katun	hadan	kadan	hatan	硬的
buʁa	buʁa	buʁa	buʁa	buʁa	par	naʁu	unuɣ	bug	bogu	boʁo	buɢu	luɢo	ɢa	buhu	bohu	bug	komoʁa	kumaʁa	鹿
jolwas	ʤolbars	ʤolbors	jolbars	jolbars	bɯrɣ	bas	bars	bar	bar	baras	bas	bas	bas	tasha	tash	tasug	taski	tasha	虎
miŋ	men	miŋ	miŋ	miŋ	muŋ	miŋ	meŋ	miːŋg	miaŋga	maŋɢan	menxen	tɕtan	tɕian	miŋgan	miŋan	miŋgan	miŋga	miŋan	千
tot	tort	tort	tort	dort	dort	diod	diort	dereb	dureb	dorwen	deren	dʑie ron	derəŋ	duin	dujin	diɡin	diʤin	dujin	四
bulaq	bulaq	bulaq	bulaq	bulaq	qarasu			bulaq	bulaq	bulaq	bulaɕ	bulaq	bulaq	ʂeri	ʂeš	bular	bular	birankan	泉

续表

突厥语族								蒙古语族						满—通古斯语族					汉义
维吾尔	哈萨克	柯尔克孜	乌孜别克	塔塔尔	图瓦	撒拉	西部裕固	蒙古	达斡尔	东部裕固	土族	东乡	保安	满语	锡伯	鄂温克	赫哲	鄂伦春	汉义
seriq	sɑrɯ	sɑrɯ	sɑriq	sɑrɯ	sɑrɯɣ	sɑrɯ	sɑrɑɣ	ʃɑr	ʃɑr	ʃɑrɑ	ɕirɑ	ʂurɑ	ɕirɑ	suwɑjɑn	sujɑn	ʃiŋɑrin	sujɑn	ʃiŋɑrin	黄
ʁunɑn	qunɑn	qunɑn	ʁunɑn	qunɑn	kunɑn			gun	guɑnɑn	ɢunɑn	gun	pɑn	ɢɑlɑŋti	gonɑ	gonɑ	gonɑŋ	gunɑ	gunɑ	三岁（牛）
ʃiter	tʃiter	tʃiter	tʃiter					ʃedər	ʃidər	tʃədər	tɕudər	tɕudor	sɑmdʑɔɢ	sidəri	ʃidər	ʃidər	ʃidər	ʃidər	三脚拌
ɑrɑn	ɑreŋ	ɑruŋ	ereŋ	ereŋ	erejdep		jɑdej	ɑːre	ɑrɑn	ɑrɑn		tʂɑxuɕu	egɑŋ dʑɑŋ	hɑtʃihiʃɑme	hɑtʃihiʃim	ɑruŋkɑn	ɑruŋkɑn	ɑruŋkɑn	勉强

表3—2　蒙古语和满通古斯语语族共有词

蒙古语族						满—通古斯语族					汉语
蒙古	达斡尔	东部裕固	土族	东乡	保安语	满	锡	鄂温克	鄂伦春	赫	词义
bi:	bi:	bu:	bu	bu	bu	bi	bi	bi	bi	bi	我
ba:	ba:	buda（s）	buda	ba:	bɑdɑ/mɑnpɑ	bɐ	bo/bɐ	bɐ	bɐ	bu	我们
tʃi:	ʃi:	tʃi	tɕɑ	tʂɿ	tɕi	si	si	ʃi	ʃi	ʃi	你
əd/ted	in/tɑrɑ	ene/tene	te/rgen	tɑre	ntʂuŋ	tɑre	tɑr	tɑri	tɑr/niɑɑni	tɑr/niɑɑni	他
ɑm	ɑm	ɑmɑn	ɑm	ɑmɑn	ɑmuŋ	ɑm	ɑm	ɑm	ɑm	ɑm	嘴
xebəg	kugun	miɑnxuɑ	meŋguɑ	miɑmxuɑ	momog	kubun	kuvun	heweŋ	kɐwɐ	kubun/juhɑn	棉花
mœr	morj	morre	more	mori	more	morin	morin	morin	morin	morin	马
dabs	kɑtɑː/dɑtfun	dɑbsə	dɑsə	dɑnsun	dɑbsoŋ	dɑbsun	dɑvsun	dɔsun/hɑtɑ	dɑwsun/kɑtɑ	dɑbsun	盐
bɑj	bɑj	bɑj	buje	bɑjɑ	hoŋ	ejəq	bɑj	bɑj	ejəq	ejəq	身体

续表

| 蒙古语族 | | | | | | 满—通古斯语族 | | | | | 汉语 |
蒙古	达斡尔	东部裕固	土族	东乡	保安语	满	锡	鄂温克	鄂伦春	赫	词义
oboː	oboː	owoː	labsə		mɔχlo	obo	obo	obo	obo	obo	敖包
burɣaːs	barɣaːs	baɪʁən sala	burɢaːsə	liumu/souku	ɖʐaŋme raʁɛ	burɣa	berha	burgan	burgan	burgan	柳条
ols	ols	kenʤər/losən	losə	kəntʂuu	kəntɕir	olo	olʲʂisar	olotto	olokto	olo	麻
buda	budaː	budan	budaː	budan	jeme	buda	buda	heme	keːme	buda	饭
ʃel	ʃil	ʃelen	kua	suliẽ̯	ɕile	sila	ɕile	ʃile	ʃile	ʃile	肉汤、汤
got	kotun	χoto	badʑar	baʒa	badzər	hoton	hoton	koton	hoton	hoton	城、城市
bitʃig	biteg	putʃig	puʈʐig	uɛu	hurəb/ʂu	bithe	bithe	bitig	bitəge	bitha	书、文件、文字
dʉrəx	dur	bei belder	majaŋ	jandʐmu	mojaŋ	durun	durun	dʉrʉn	dʉrʉn	durun	模样
er	ərd	rde	ʂde	ɕiɕie	eta	erde	erde	edde	erde	erde	早、早晨
sɛːxaŋ	saikan	saiχɢan	saixan	saiyan	sɛχɜʂ	saikan	saikan	nandahaŋ	nandakan	saikan	美丽、好看
sex	sugu	sege	oɢsu	eiɕns	ɡɛ	suhe	suho	sʉhʉ	sʉːkə	suhə	斧子、斧头
dat	tat	hdaː	tɛlaː/lakɛ	lɑji	də	tata	tate	taː	taː	tate	拉
soxt	sort	soɢdoː	soɢdo:	sudo	soχta	sokto	sokto	sotto	sokto	sokto	醉
gabx/χaʤ	kabʃ	ʤabnon	dzɑɪkər	dziɑɑo	dzano	kabtʂi	kɑvtʂi	hatʃtʂi	kabtʂi	kabtʂi	夹夹子
tem	tum	temen	tumun	wan	tsʅso	tumən	tumən	eumn	tumun	tumən	万
xanx	xonj	χonɛ	eunx	Goni	Gonɵ	honin	honin	honiŋ	konin	honin	绵羊

表3—3

蒙古语族与突厥语族共有词

| 突厥语族 | | | | | | | | 蒙古语族 | | | | | | |
维吾尔	哈萨克	柯尔克孜	乌孜别克	塔塔尔	图瓦	撒拉	西部裕固	蒙古	达斡尔	东部裕固	土族	东乡	保安	汉语
mal	mal	mal	mal	mal	mal	mal	mald	mal	mal	mal	mal	asun	asoŋ	牲畜
jorɤa	ʤorɤa	dʒorɤo	jorɤe	jorɤa	ʤɤɤra:	jurɤa	jorɤa	ʤoro:	ʤiro:	ʤoro:	ɖʐoro		gomba	走马
qara	qara	qara	qara	qara	xara	ɢara	gara	xar	xar	xar	xara	qara	ɣara	黑色
buqa	buqa	buqa	buqa	buqa	buɤa	dana	buɤa	bux	bag	puɢa	puxa	buɤaʂʐu	soniu	牡牛
orun	ɛɛon	orun	orin	uɛon	omu	euɯo	oron	oroŋ	or	oroɪn	uron	oron	oron	位置
nota	noqta	noqto	nukte					noxt	loktu	noto	noxto	loto	loχte	马笼头
ala	ala	ala	ala	ala	ala	ala	ala	alag	alag	ala ɢɵŋgeta	alaɢ	xuaxuani	alaɢ	花色
quran	ʒebos	soqos	kor	soqos	soɛos	ɛoɣo	tepelek	soxɔr	sogur	soɢor	suɢor	suɢo	soɣor	瞎瞎子
owla	owla	ula	owle	owla	aʤɤa	vur		ab	aula:	gɵrɵeʃelɤa		dawi	rdaɢ/ekagu	狩猎
dwul	ɛwol	qjil	dwul	ɛwal	al	at dʒoɤ	ahtdaŋ dʒɤŋ	ɛiʃ/ɔjil	ail	ail	ɢjil	nɛʐn	nɖaʐn	村
taqa	taxa	taqa	aʁat	dava	daxa	lan	arɤaleɤ	dax	tak	daɢ	kol	dʒʐn	dʒʐn	马掌
hurun	dʒalqow	dʒalqo:	bengese	jalqaw	dʒaɤlqɤ			ʤalxu	ʤalko:	ladpa	xalɖʐaŋgiː	langan	gojobtɕa	懒
qanɖʐaɤan	qanɖʐasan	qanɖʐaɤan	qanɖʐaɤawe	qanɖʐaɤasa	dergi	ueʃoʂ	ueʃoʂ	ɡanɖʐaga	ɡanɖʐuɤ	ɢanɖʐaɢa	tɕudor	ueʃoʂ	ɛadaɢ	棺绳
ʃiter	ʃiter	ʃiter						ʃeder	ʃider	tʃedər		pan	samɖaɢ	三脚拌

二　固有词

（一）疑似契丹语词语

研究契丹小字的学者们，经过长期不懈的挖掘和整理，已经解读出一部分契丹语词汇，其中有一些可以证明达斡尔语和契丹语之间的密切关系。[1]一些相关研究成果表明，契丹语与阿尔泰语系蒙古语族语言较为接近，而在蒙古语族语言中，达斡尔语更接近契丹语。相关证据有：达斡尔族的族称与契丹大贺氏语音相近；达斡尔语语序与契丹语序相同；数词系统较为一致；契丹人名、屯名与达斡尔族人名、屯名相同。此外，经过比较后发现，契丹语中与蒙古语相同或相近的语言成分往往也与达斡尔语相同或相近，而与蒙古语有差异的则与达斡尔语比较接近。[2]因此，许多契丹研究专家们后来以达斡尔族语言材料作为突破口，找到了许多能够证实达斡尔语与契丹语关系的语言材料，推动了契丹历史及其相关学科的研究向纵深发展。如历史—文字学学者刘凤翥、沈汇等，基于契丹小字与达斡尔语的比较，得出达斡尔族源于契丹和东胡的结论。[3]考古—民族学学者干志耿、孙秀仁也认为达斡尔族比较纯正地保留了古代东胡的民族成分："古代民族……很难说那一个民族绝对纯粹，在其流变过程中易渗入他族成分，只是程度不同而已。相对来说，达斡尔族还是保持了较纯的成分。……达斡尔族及其语言，比蒙古和蒙古语保存了更多的鲜卑——室韦——契丹系统的成分，保持了这一系统民族语言的原型，从这个意义上说，达斡尔族在民族史上犹如东胡民族的'活化石'。"[4]另外，近期成果中还需提及的是陈乃雄先生和孟志东先生对云南境内的"本人"的语言等方面的研究成果。"本人"系分别归入汉、布朗、彝、佤等民族成分的

---

[1]　以下相关词语例证引自清格尔泰《契丹小字释读问题》，日本东京国立亚非语言文化研究所2002年版；孟志东《"天书"解读漫记之一》，载《内蒙古大学学报》2015年第2期；清格尔泰、吴英喆、吉如何《契丹小字再研究》，内蒙古大学出版社2017年版等。

[2]　参见陈述《试论达斡尔族的族源问题》，载《民族研究》1959年第8期；沈汇《论契丹小字的创制与解读——兼论达斡尔族的族源》，载《中央民族学员学报》1980年第4期；刘凤翥《从契丹小字解读达斡尔为东胡之裔》，载《黑龙江文物丛刊》1982年第1期。

[3]　刘凤翥：《从契丹小字解读探达斡尔为东胡之裔》，载《黑龙江文物丛刊》1988年第1期；沈汇：《论契丹小字的创制与解读—兼论达斡尔族的族源》，载《中央民族学员学报》1980年第4期。

[4]　干志耿、孙秀仁：《黑龙江古代民族史纲》，黑龙江人民出版社1986年版，第444页。

一部分自称"本人"的人群。他们主要居住于云南省保山地区、临沧地区部分县镇，以及德宏傣族景颇族自治州、大理白族自治州的鹤庆县、西双版纳傣族自治州等地区或部分县镇。"本人"的语言，因山区和坝区而不同。居住在坝区的本人长期与汉族交往，都使用汉语，居住在山区的"本人"则使用着一种接近布朗语、德昂语、佤语的叫做本话的孟—高棉语型语言。无论汉语还是本话都夹杂着一些特殊的语言成分。"本人"认为自己源出北方，是辽太祖耶律阿保机之后裔。他们的家谱、传说以及有关史志记载证实了这一点。二位学者都采取了田野调查和史料考证的方法，其中陈乃雄先生的研究成果从很大程度上证实了达斡尔族语言与"本人"的语言之间的关系。而孟志东先生则从历史文献、族谱、碑文、对联、传说、语言、文字等多方面对"本人"进行了全面的调查和综合分析，并将研究成果汇成专著出版。[①]在"本人"的来源上两位学者都认为，根据各种材料可以证实其与契丹的源流关系。如陈乃雄先生认为："尤其是刻在墓碑上的零星契丹字以及遗留在'本话'中的一些与蒙古语族语言，特别是与被越来越多的学者倾向于认为源出契丹的达斡尔族的语言谐音的成分，可以作为重要的证据，证明今日之'本人'虽然不一定就是辽太祖耶律阿保机的嫡系子孙，但他们作为契丹人的后代，大概是没有疑问的。'本话'很可能是古老的契丹族来到云南，借用了当地土著濮人之一支的语言而又融入自身固有的某些词语成分，逐渐发展演变而成的一种语言。"[②]陈先生认为"本人"的语言虽然在语法上与布朗语的主要方言较为一致，如词序属主谓宾类型，修饰语一般位于中心词之后，但词汇上差别较大。根据调查记录的词汇统计数据分析，其中在所记录的1326个词中，有964个词，（约占72.7%）的词，既不同于汉语，也不同于布朗语的主要方言和德昂语或佤语。"其中有100多个，似乎真的与属于阿尔泰语系的蒙古语族语言，特别是与被越来越多的学者倾向于认为源出契丹的达斡尔族语言之间存在着某种联系。"[③]他还认为"也许这些特殊成分就反映着古老的契丹语底层"。[④]孟志东先生的研究结论是"本人"中的阿、

---

①　孟志东：《云南契丹后裔研究》，中国社会科学出版社1995年版。

②　陈乃雄：《云南的契丹族后裔和契丹字遗存》，载《民族语文》1994年第6期。

③　陈乃雄：《云南的契丹族后裔和契丹字遗存》，载《民族语文》1994年第6期。

④　陈乃雄：《云南的契丹族后裔和契丹字遗存》，载《民族语文》1994年第6期。

莽、蒋、杨等姓系契丹后裔。云南契丹后裔的始祖为元朝大理金齿等处宣慰使都元帅忙古带。[①]在孟志东的专著后附有三个附录，词汇附录中提供了契丹后裔语、达斡尔语、蒙古书面语的对比词汇材料。在该词汇附录中作者采用国际音标列举了这三种语言的近三百个词例。我们拮取以上学者研究成果中有关契丹后裔语与达斡尔语最为接近的词例并附以相应的蒙古书面语例证列举如下，[②]：

	契丹语	达斡尔语	蒙古语（书面语）	汉文
1.	ou'ul	əulən	əkulə	云
2.	nær	nar	nara	太阳
3.	tʰiəli	tʰale:	tʃʰaxilkan	（雷）电
4.	ʃau'a	ʃoko:	apa jin	猎鹰
5.	məuri	morʲ	mɔri	马
6.	əmutʃʰər	əmtʃʰir	əmnikʰ	生格子马
7.	tʰolo	tʰaulʲ	tʰaulai	兔子
8.	xou'ur	xaur	xapʰur	春
9.	natʃər	natʃir	tʃʰun	夏
10.	namur	namər	namur	秋
11.	u'ul	ukul	əpʰul	冬
12.	pʰɔrkʰɔn	forkʰun	ularil	季节
13.	kʰɔnɔ	kʰono:	xɔnɔkʰ	昼夜
14.	katʃər	katʃir	katʃar	地方
15.	xʷa	kʰʷa:	xɔrija	院，宅
16.	alak	a:lək	sakʊtʃʰa	住所
17.	kia	kʲa:	tʃəkəli	街
18.	nɔ:tʰ	no:tʰ	pʰɔlŋtʰə	角落（位格）
19.	xaskəl	xaʃkəri	tʃʰikʰur jin　kər	厢房

---

① 孟志东：《云南契丹后裔研究》，中国社会科学出版社1995年版，序一，第1页。

② 为排版便利，原词汇附录中契丹后裔语词例所标声调略去，蒙古语言书面语词例中的ɔ用u代替之。

20.	tʰərəpʰulu	tʰəlpʰur	tʰəpʰikʰər	扇子
21.	u'un	kʰukun	xopʰoŋ	棉花
22.	kʰjɑu	kʰjɑu	səuxə	轿子
23.	tʰər	tʰər	tʰərə	他
24	kʰu	xu:	xumun	人
25.	kʰunkʰui	kʰəkʰw	xopʰəkʰən	儿子
26.	məu ~ əməu	mə: ~ əwə:	ətʃʰi	母亲
27.	tʰai	tʰaitʰi:	əməkʰə	祖母
28.	əntʃʰɑ	ərtʃʰu:	əpʰtʃʰikʰu:	胸脯
29.	xuomu	kʰwɑ:m（脖子）	xɔkɔlai	喉咙
30.	ai	aiʃ	aʃikʰ	利益
31.	kʰəsə	xəs	tʃʰarlikʰ	敕令
32.	tʃʰi:s	tʃʰi:s	əxə　pʰitʃʰikʰ	原稿
33.	pʰɑu	pʰo:	pʰʊ:	护符
34.	muŋ	munkʰw	moŋko	银子
35.	kʰəʃ	kʰəʃ	xəʃikʰ	恩赐
36.	ʃimunus	ʃimnə:s	ʃalkʰapʰasu	考试（条件式）
37.	urpʰutʃʰ	urpʰw	pʰɔlpʰasɔratʃʰə	操练
38.	pʰusləkʰ	pʰu:s	urəltʃʰ　ilkʰə	繁衍
39.	tʰaswə:	tʰaswə:	tʃʰasaxuɑ:n	治理（将来时）
40.	sɑw	sɑ:	sakʰaktʰaxu	缩小　缩短
41.	nyriul	nʲerəl	tʃʰirukʰ	画
42.	tʰullukʰ	tʰullʷ	xʊtʰaltʰun　apʰxu	买
43.	pʰaitʃʰe	pʰaitʃʰɑ:	tʃʰɔkʰsətʃʰe:	站着
44.	tʰautʰpʰətʃʰ	tʰautʰ	tʰolopʰətʰu	赔偿
45.	junkʰəw	jonkʰe:	pʰuritʰxu	备齐，备全
46.	itʰləkʰ	itʰ	əkʰəltʃʰi	轮班，班
47.	fətʰəs	pətʰə:s	tʰalapʰasu	抄家（条件式）

48.	tʃʰarikʰas	tʃʰarəkʰɑːs	tʃʰirkʰapʰasʊ	享乐（条件式）
49.	pʰar ~ pʰan	pʰar	pʰara	完毕
50.	kʰun	kʰunkʰəː	xontʰər	倒尽
51.	soŋ	sontʃʰ	soŋkʰɔ	选举，挑
52.	tʰərpʰun	tʰəupʰuː	əkʰuspʰuri	开端，肇始
53.	tatʰar	tʷatʰər	tɔtʰɔra	中间，里
54.	tʰəwa	tʰawaː	tʰapʰakʰa	山梁
55.	tʰuntʰa	tʰʷantʰ	tʰʊmtʰa	中，当中
56.	fulu	xuluː	iləkʰuː	多，余
57.	təmpul	təmpəl	tʰəŋtʰəkʰuː	挺，颇
58.	patʃu	patʃir	pʊtʃar	脏的
59.	xoulən	xəulən	ɔsɔl	过错
60.	tʰəiliː	tʰiːli̥	tʃʰopʰxen	只是
61.	lupʰ	lupʰ	jəruəːs	一向
62.	xanɑ	xɑːnə	xamikʰa	何处，哪里
63.	atʰətʰi	ətʰəːtʰiː	utʰuxanu	现在，就
64.	tʰatʃʰ	tʰɑːtʃʰiː	ʊːl	原本，本来
65.	saitʰi	saitʰ	saitʰur	好好地
66.	tʃau	tʃau	tʃʰakʰu	百

上述近期的达斡尔族源研究成果得到一些专家学者的认可，具有十分重要的参考价值，对进一步讨论达斡尔族与契丹的源流关系以及其他许多与此相关的学术问题都将带来极大的促进作用。

（二）物质生活词汇

达斡尔语中的部分固有词汇真实地记录了达斡尔人早期的物质文化特征。

1. 渔业词汇

达斡尔语口语中保留了较为丰富的有关渔业生产活动的词汇，不仅各类鱼名齐全，且区分细腻，例如：

达斡尔语	汉语	达斡尔语	汉语
tʃʰaus	鱼（统称）	xolpoːr	哲罗鱼（大）
tarpaːltʃ	马口鱼	xoltʃʰan	哲罗鱼（小）
apək	敖花鱼	sʷakəs	白鱼（大）
putuː	黄古鱼	joləkʰ	白鱼（小）
xaixoː	鳊花鱼	tʰjəkʰʷ	鲶鱼（大）
xukʰur səulʲ	牛尾鱼	tʰullatʰiː	鲶鱼（小）
xulaːnʲ	红翅鱼	kʰaikʰʷ	鲫鱼
kʰotʰmaːl	鳝鱼	kʰəltʰək	大鲫鱼
kʰʷaːr	黑鱼	kʰəːlpə	最小的鲫鱼
morkoːltʃ	鳝鱼	murkʰʷ	鲤鱼
muŋkʰʷəː	老头鱼	mukʰtʃʰəːn	小鲤鱼
tʃəpək	细鳞鱼	kʰʷəːləːtʰiː	鲤鱼崽子
toptur	鳇鱼	lak	大鲇鱼
aurukʷ	鳇鱼	tullaːtʰiː	小鲇鱼
pʰutʰuwu	串丁子鱼（大）	tʃʰipʰaːtʰiː	幼鲇鱼
akʰjə	嘎牙子鱼	tautʃ	大狗鱼
xaixoː	鳊花鱼	tʃʰoːrəltiː	小狗鱼
xarənpʰa	鳊花鱼（黑）	tʃʰʷəːm	狗鱼崽子
tʲolkʷ	小鳟鱼	tʃarəm	小鱼
tʃʰutʃʰʷ	干鲦鱼	tʰaitʰaːltʃin	？（鱼名）
amur	草根鱼（大）		
ontʃʰoːl	草根鱼（小）		

各种打鱼工具名称也很齐全：

达斡尔语	汉语	达斡尔语	汉语
purkʰʷəː	鱼斗子	tun	鱼洞（捕小鱼工具）
kʰaːtiː	鱼梁子	tʃaːlpur	鱼钩线
kurʃinkʰʷ	鱼漂	tʃaus	鱼钩线

ʃultʃu:r	串鱼线	ole:nkʰʷ	鱼洞，挡鱼篓子
sərə:	叉，鱼叉	na:tʃ	冬天积鱼的深水坑
taru:l	鱼罩	pə:	鱼饵，饵食
təkʰʲ	钓鱼线	naj	钓鱼竿

出现了一批与打鱼方式相关的专门动词：

达斡尔语	汉语	达斡尔语	汉语
kʰa:ti: xakʰʷ-	堵鱼梁子	tʃillirmə:-	在新结的冰上叉鱼
taru:ltα:-	用鱼罩罩鱼	auke:-	凿冰眼打鱼
tʃannə-	坐船叉鱼	aləktα:-	用网捕鱼
kurʃ-	鱼线抖动	xor-	查看（鱼情）
sərkʲ-	（鱼叉网）坏	palla:-	摸鱼

此外，达斡尔语中专指捕捞鱼虾的能手为"kʰotʰma:"，甚至还由"kʰorkʰurta:-"旋鱼（一种打鱼方法，在水上钻孔，然后用搅棍搅出鱼）这个词派生出了"挑唆、挑拨"等转义。

2. 猎业词汇

达斡尔语中的狩猎词汇也十分丰富，主要表现在数量多，分布范围较广，细类语义区分比较细腻，并具有一定的全民性、口语性等特点。仅以有关狩猎方式及相关词语举例如下：

达斡尔语	汉语	达斡尔语	汉语
kʰʷələkʰ	狩猎		
pəitʃʰikʰ	打猎	ukuiməkʰ	冬猎
aulakʰ	打围	kʰimanakʰ	早猎
au tʰalkʰ	撒围	ʃikʰʃərməkʰ	晚猎
au xotʃʰkʰ	圈围	tʰatʰən	①宿营、野营②集体
au sa:kʰ	缩小围子	tʰarəm	替人打猎

各种狩猎方式及猎物的叫声：

ətʰkʰəkʰ	复活	oltʃo	猎获
tʰarkʰəkʰ	打	pʰi:tʃa:kʰ	吹鹿哨
aləkʰ	杀	pʰitʃʰakʰ	（狍、鹿崽）叫

tʃʰos tʰaləkʰ	放血	murkʰjəːkʰ	（牛、野兽等）吼叫
kʰəskʰ	融解	pʰuːnikʰ	狼叫
mɑi	运气		

3. 牧业词汇

现代达斡尔语口语中仍然保留了许多较为古老的畜牧业词汇以及其他相关语言形式。其中有关马的词汇较为丰富，并自成语义场：

atʲrək	种马	tʃʰakʰaːr	土灰色（两肩有斑）马
artʰ	骟马	tʃʰikaːn	白马
ʃarkʰj	草黄色的马	alaːr	白肚子花马
uləːr	青花马	sojoːtʰi	腿上有爪甲马
xulɑn	青马	kʰuilən	灰橙毛马
poːrul	红沙马	kʰaloːr	海骝马
tʃʰankaːr	烧眼白马	kʰan kʰaloːr	黄骠马
sautʰaːr	白尾枣红马	kʰwal	淡黑鬃黄马
saːr, soːrul	纯白马	xonoːr	淡黄色的
soːr	纯白马		
maltʃʰaːr	脸有一道白的马		
kʰuruːl	栗色马	kʰaltʰaːr	枣骝马
tʰaːkʰ	一岁马	tunin	四岁口（牛、马）
tʃʰerpʰel	二岁马	tʰaulən	五岁口（牛、马）
kʷanəːn	三岁口（牛、马）	tʃʰirkʰotʰ	六岁口（牛、马）
		tolːth	七岁口（牛、马）

有关马的各种步法的词汇：

xaulkʰ, kʰuikʰ	跑	lokʰʃəkʰ	颠跑
xatʰrakʰ	颠走	alkʰuʃtʰi	有步子的
kʰirkʰoː	急步走	pʰunʃəkʰ	小步颠跑的
alkʰur	快步	tʰaipʰəːtʰi	能小走的
alkʰux	一步	tʃʰiroː	走马

xɑulkʰ	奔跑	tʰaipʰərtʃʰ	半走马
alkʰʷlakʰ	走步	tʰaipʰər	小走马

有关马各种动作、行为的词汇：

nalkʰʷ	马惊	tʃʰəpʰəltʃʰəkʰ	耳朵剪动
tʃʰo:tʃʰikʰ	惊奇	lə:pʰikʰ	耷拉、下垂
tʃəpʰtʃʰəkʰ	惊跳、惊闪	sonə	伸脖子
inli:	嘶鸣	pʰəʃkʰlə	踢
tʰorʃkʰ	打响鼻	nilkə	撒欢
kʰul altʰəkʰ	好打前失	xatʃʰirkʰ	（马、牛跑）回来
tʰukʰtʃʰikʰ	打前失	nomurkʰ	驯服
pʰoikʰikʰ	耍脾气	pʰo:skʰ	（牲畜）怀胎、受孕
polkʲ	尥蹶子	tʰarkʰul	长膘
soro:kʰi:tʰ	（马被马蜂叮咬）	mo:tʰ	消瘦
	摇头摆尾		
kʰurpʰkʰ	沙浴	tʰokʰltʰəkʰ	瘸、跛行
	（马、驴沙土浴）		
lokʰʃəkʰ	颠跑	kʰurpʰləkʰ	（马、驴沙浴）翻滚

各种马具名称：

əmə:l	马鞍	xatʰal	马嚼子
so:rin	鞍座（褥）	tʃʰəkʲlə:n	扣绳（马嚼子、笼头）
pu:rukʷ	鞍鞒	ʃitər	马绊
tʰurə:nki:	蹬	tʰurtʰ	前绊
səntʃʰ	蹬皮	tʰurtʰlən	马绊（前后腿交错）
kaptʰal	鞍翅	kʰantʃʰikʰʷ	稍皮条
kʰəptʰrə:k	鞍鞯	atʰe:	驮子
tʰokʷ	鞍褥	tʃʰintʰas	褡裢
tʃʰulən	马鞍吊带	khonkiltʃo:r	铃铛
olum	前肚带	ʃʷa:s	刷子
xotrukʷ	后鞧	warkʰ	马套子

tʰokʰrəːtʰ	小皮垫	tilo:	缰绳
təpsək	垫子	ʃolpoːr	偏缰
minɑː	马鞭		

4. 农业词汇

达斡尔族的农业生产及其由此形成的农耕文化具有自己的特点，达斡尔族的语言及其相关材料为此提供了较好的例证。如达斡尔语农耕生产中较为古老的达斡尔语农作物词汇一般从构成方式上为单纯词，但数量较少，更多的是一些后来形成的合成词，另外还有大量的外来语借词，其中最多的是汉语和满语借词。

一般农耕词汇：

达斡尔语	汉语	达斡尔语	汉语
tʰalmətʃʰ	面积	itʰləkʰʷ	场院
matʰakʰ	扩大（面积）	əlkʰʷ	烘粮炕
tʰarməl	作物	ʃirkʰ	旱
tʰareː	土地	ʃirkʰtʰəkʰ	天旱
pʰuni	坰	kʰan	干旱
xartʰən	荒	tʰatʃʰən	饥荒
tʃʰorəkʰ	垄	tʃʰoːrəkʰ	渠道
əlkʰ	烘干（粮）	kʰoirpʰəkʰ	三股合拧
xʷɑːri	干燥（粮）	kʰərənkʰutʰ	用连枷打（谷物）
tʰairkʰəkʰ	煽，扬	xarməkʰ	搂取
tʰaməːkʰ	碾碎	maltʰəkʰ	搂，扒
pʰatʰlakʰ	（米、面）磨破碎	opʰoləkʰ	堆积
jorkʰltʰakʰ	磨（米、面）	majalakʰ	扫秸
kʰənkʰuləkʰ	（用磨把粮食）弄碎	alkʰakʰ	收拾（野豆类）
sʷars	撂荒	kʰjɑːsla	（用斗量）（粮谷）
xurtʃʰakʰ	翻	tʰuːrkʰəː	弄满（粮袋、仓）
tʰairkʰ	播种、种地	xəːntʰ	分得（粮）
kʰatʰləkʰakʰ	定植	oslakʰ	灌溉

pʰətʰəkʰ	覆盖	xa:kʰ	挡
tʃʰo:r	垄沟	pʰutʰləkʰ	堵
xatʰəkʰ	收割	xatʃʰlakʰ	用叉子叉
xatʰlakʰ	捆	səpsəi	疏松
xatʰ	捆上	kʰjanə	搬运
tʃʰjatʰləkʰ	垛	xalpa:	编织
kʰjatʰləkʰ	垛码子	tʃʰərkʷ	打（绳子）
tʃʰentʃla:	挑担	tʃʰipʰrikʰ	捻搓

此外，由于达斡尔族较早就开始从事农业生产活动，形成了以下量词，如：

punʲ	垧	pans	四十垧
tʃins	三百二十垧	xat	捆子
kʰatəl	二十捆的码子	pokul	一百捆的垛子

在达斡尔语中，有关"达斡尔烟"的词汇自成体系，这类词构词上具有一定系统性，即从统称及其下位词都比较全，且语义区分细腻，构成了特殊的语义场。如：有关烟草及相关词语多为单纯词：

tair	烟袋	lo:	烟油子
ʃomo:r	烟嘴	kʰartrək	烟荷包
tankʰ	烟草	tʃoptʃʰma:l	碎烟叶
aja	幼芽	xulanʲ	烟叶斑病
pʰəj	头茬烟叶	tʰəmə:nʲ	大穿针（专用于串烟叶）
so:tus	二茬腰肢烟叶	kʰoləpʰ	晒架（专用于晒烟叶）
sajər	二茬脚枝烟叶		
jakʰo:	三茬烟叶		
suitʰəs	碎渣烟叶		
wal tʰankʰ	底子烟叶		
warkʰi	再生的（烟叶）		

再如达斡尔语中布特哈方言中仍保留了一批与烟草制作等相关的动词：

xulaːnʲ-	烟叶出红点病
altəl-	将晒干的烟叶截成一尺长，以便压成套烟
lamlakʰ	搭放
xor kʰimtʃ-	掐尖（烟叶栽培术）
lamp orkʰʲ-	搭放
lampaːldʒ-	夯拉
tankʰə ausoː-	蒸烟叶（以制套烟）
tankʰə səː-	串烟叶（以晒干）
tankʰə tar-	捂烟叶
tankʰə alɣaː-	修烟枝叶
tankʰə oː-	抽烟
tankʰə tʰatʰ-	抽烟，摘烟叶
tankʰə tʰəːtʰ-	（往烟袋）装烟，装烟礼
tankʰə jəurkʰəː-	移植烟苗
tankʰəi xəw-	套烟模

有清一代，"达斡尔烟"无论其质地还是制作等诸方面均为烟草中的上品，在东北地区享誉盛名。"taur tankʰ"一词也顺势成为远近闻名的专有名词。达斡尔族民间也由此形成了与该词相关的习俗，"tankə tʰəːtʰ""（往烟袋）装烟，装烟礼"一词成为表示敬老习俗的专门词语。

在达斡尔语中，尤其是有关"车"等运输工具类词语也比较古老且语义细腻。如：

tʰərək	车	xujaⅼək	拴绳
alⅼə	辕	kurkʷ	长绳
iloː	辕横撑	aːtʰeː	驮子
aːtar	铺板	ʃorpʰəⅼ	牵绳、缰绳、纲绳
kʰurːs	轮子	təlpək	撇绳
mʷər	辋	kʰutʰləkʰ	牵车
pʰol	毂	tʰəlpʰəːk	驾、驾驭
kʰutʰləː	牵车	xəikəːs	车辐条

iʃkʰ	别棍儿	tʰja:nikʰ	堆挤
tʃʰək	辐条（出头）	ʃa:tʰərkʰ	（马）套车时倒退
tʰənkəl	车轴	kʰana:ltʃʰkʰ	（车铃）叮当响
pʰɑ:rkʰltʃʰ	牛轭子、鞦	tʰartʃʰ	绳口
ʃor	绞杠棒	tə:s	绳子
morukʷ	绞棍	so:r	皮条
ʃinɑ:	木楔子	tʃʰurkʰ	辘轳
tʃʰaukʰ	夹板	pʰɑ:r	雪橇
tʰərkʰi əməl	车鞍	tʰaskʰ	修理
tʰokʰ	鞍屉	tʃʰo:n	车铡
tʃʰilo:	系绳	tʰaro:	辕重
ɑitʰkʰ	驮	ukʰalən	辕轻
tɑ:mkəl	驾轭杆	sɑirkʰəkʰ	凿辐条眼
tʰwɑ:lkʰ	柱子（栓车、马用的）	tʰorpj	粗修车毂
tʰorikʰ	绕过	kʷə:l	套车

（三）制度生活词汇

1. 哈拉、莫昆名称

　　达斡尔族的哈拉、莫昆的名称反映了达斡尔族先民与所处"特定"的自然环境的关系，从史料记载和达斡尔族哈拉、莫昆名称的含义等来看，它们主要来源于居住地的山川地名。[①]如以下一些哈拉名称来自于山川地名：

　　敖拉（ɑul）：山名，本意为"山"。此山位于黑龙江上游雅克萨一带。雅克萨位于黑龙江和精奇里江汇合口处[②]，位于瑷珲城西北约650千米处。

[①] 参见卜林《达斡尔族的"哈拉"和"莫昆"》；敖拉·乐志德《关于达斡尔的社会组织中的哈拉、莫昆等方面的构成及对发展变化的分析探讨》，均载《达斡尔资料集》（第二集），民族出版社1998年版。

[②] 精奇里江，在今俄境内，俄称结雅河，系黑龙江中上游北岸重要支流。

阿勒丹（altan）：河名，阿勒丹河位于发源于达呼尔山（雅布诺维山）的北岭阿尔坦山，向北流入勒拿河。

额斯日（əsəːr）：河名，史载为额苏里，系黑龙江中游左岸支流，位于瑷珲城市西北45千米处。

毕日杨（pirijan）：以毕日杨河为名，毕日杨河系黑龙江中游左岸川流，位于瑷珲城西北约250千米处。

莫日登（mərtən）：河名，本意为"河流悬崖处"或"河水弯流处"。系一小河，位于雅克萨城以东鄂嫩河以西，位于瑷珲城西北约500千米处。

鄂勒特（ələtʰ）：河名，又写作"鄂哩""鄂勒汀""鄂尔"等，本意为"葱原"。系石勒喀河北一小川，位于雅克萨城以西。

沃日（wəːr）：河名，本意为"上源"，系石勒喀河北一小川，位于雅克萨城以西数百千米处。史籍为乌勒尔喜河，似有误。

克殷（kʰəjin）：河名，系精奇里河下游右岸一小河，位于瑷珲城北百余里处。

乌力斯（ulis）：河名，史籍为"乌尔苏"或"乌尔木河"，系石勒喀河北岸一小河，位于雅克萨城以西数里处。该哈拉后来迁居至黑龙江中游左岸的乌鲁苏木丹一带，史籍记"乌鲁苏木河"，位于瑷珲城西北约160千米处。

鄂嫩（onoːn）[1]：河名，系黑龙江上游左岸的一小河。原为黑龙江上源斡难河入江口，位于雅克萨城以东约100千米处。

郭布勒（kopul）[2]：河名，又记为"郭贝勒"等，系精奇里江左岸一小河，位于瑷珲城以北约50千米处。

托木（tʰoːm）：河名，史记为"脱木"，系精奇里河左岸一小河，位于瑷珲城东北约100千米处。

精克日（tʃinkʰər）：河名，现为"结雅河"，即精奇里江，位于瑷珲城北。

卜古勒（pukuːl）：山峰名、河名，史记为"博图里""博和里"

---

① 据康熙的《皇舆全览图》及清代《达斡尔地区满文地图》均注，在查哈阳北有一小河称"鄂诺河"。

② 史载："郭贝勒祖先萨古达库原居精奇里江郭贝勒阿彦屯"。"阿彦"系达斡尔语"河套"之义。

"布库尔"等，系黑龙江中游左岸一小河，位于瑷珲城东南约75千米处。

苏都日（sutur）：河名，系牛满河（布列亚河）上游左岸一小河，位于瑷珲城以东约100千米处。

杜拉尔（tulɑr）：河名，史记为"多拉尔"，系牛满河上游一小河，位于瑷珲城东约150千米处。

达呼尔（tɑxur）：山名，位于达日部一带。

一部分莫昆的名称也与山川地名有关：

瓦日格（warkə）：河名，属郭布勒哈拉，史记为"乌喇格河"，系精奇里江左岸一小河。

色布克（səpukʰi）：山峰名，属精克日哈拉，史记为"赛布克"，位于精奇里江下游右岸。

乌如克（urukʰə）：河名，本意为"边壕"，属苏都日哈拉，位于牛满河上游右岸。

塔哈日（tʰaxar）：山名，属杜拉尔哈拉，史记为"塔哈"或"塔哈勒"，为明代奴尔干都司的一个位所，位于杜拉尔河一带。

另有一部分莫昆的名称与达斡尔族早期居住过的城屯名称有关，如：

雅尔赛（jɑːras）：城名，即雅克萨城，属敖拉哈拉。

多金（totʃin）：城名，即多金城，属敖拉哈拉。

何斯日（xəsur）：屯名，即额苏里河畔的额苏里屯，属额斯日哈拉。

海伦（xɑilən）：城名，即海伦城，属鄂勒特哈拉。位于瑷珲城西北约650千米处。

沃勒（wəːr）：屯名，属沃日哈拉，位于瑷珲城西北约450千米处。

克殷（kʰəyin）：屯名，又写作"何音"，本意为"风"，属克殷哈拉。

德都勒（təːtul）：屯名，属德都勒哈拉。

噶日达苏（kartɑːs）：屯名，史记为"噶日达逊"，位于瑷珲城东北约50千米处，属德都勒哈拉。

乌力斯（ulis）：屯名，即乌鲁苏屯，属乌力斯哈拉。

阿协津（aʃtʃin）：城名，史记为"阿萨津"，位于瑷珲城西北约450千米处，属鄂嫩哈拉。

昆吉（kʰuntʃi）：屯名，史记为"昆都"，属鄂嫩哈拉。

郭布勒（kopul）：屯名，属郭布勒哈拉。

瓦然（waran）：屯名，本义为"巧手"，史记为"乌兰""瓦热""吴然"等，属托木哈拉。

卜迪（puti）：屯名，史记为"布丁"，属卜古勒哈拉。

除了语言结构上的调适与重组外，与汉族及其文化直接接触后，达斡尔人也同样遇到了最初与满族文化直接接触后姓氏人名系统的调适与重构等问题。对此，达斡尔人经过调适，采用了以下几种方法对达斡尔族的姓氏进行了部分调整，具体可分为几个步骤：首先是简化姓氏，使姓氏更接近汉姓，也就是说，从过去的较长的哈拉、莫昆名称改为与大多数单字汉族姓氏接近的相应形式，这种方法我们暂称作"首尾音谐音取字法"。这种方法是保留达斡尔族哈拉或莫昆全称的首音节或尾音节，并按其谐音取相应的同音或近音汉字。如：

表3—4　　　　　　　达斡尔族哈拉与莫昆名称及取汉字姓氏表

哈拉	莫昆	首音节	尾音节	谐音汉字
aul	aul	au		敖、山、单
	totʃin	to		多
	jars	ja		阎
	sotur	so		索、苏
	kʰərtʃə	kʰə		何
mərtən		mə		莫、孟、
	saŋkar	saŋ		苍
	santatʃʰ	san		苍
	tʃʰonlo:	tʃʰon		苍
	xələk			不详
tʰom	tʰo	tʰo		陶
	tʰutʃʰin	tʰu		陶
	waran			乔
əsər		ə		鄂
	xəsər	xə		何
wor	wor	wo		沃
	tʃam	tʃam		张
onon	o			鄂、敖、吴、欧
tʃinkʰər	tʃin			金
altan	a			阿、安
ələtʰ	ə			鄂
xurlas	xu			胡、康

续表

哈拉	莫昆	首音节	尾音节	谐音汉字
nəti	nə			讷
pukʰətʰw	pu			卜
sutur	su			苏
urɑn	u			吴
sotur	so			索
ulis	u			吴
kopul	ko			郭
tətul	tə			德
pilijɑn			jɑŋ	杨

另一种方法是首先将达斡尔族的哈拉与莫昆的名称的含义译成与汉语相对应的词，然后根据这一词的谐音取字，这种方法我们暂称作"词义谐音取字法"。如：

哈拉、莫昆名称	汉义	汉语相应词	谐音汉字
ɑul	山	ʂɑn	单、山
wɑrɑn	巧妙的	tɕʰao	乔

以上两种方法都使达斡尔族的姓氏在表现形式上与汉族姓氏接近或基本一致，但在本质上或在文化内涵上却"形似神异"，也就是说在这些达斡尔族姓氏的"汉化"过程中达斡尔人既巧妙地适应了汉语文化的"特定环境"，又没有失去达斡尔族母语文化的个性，从而完成了达斡尔族的姓氏的"汉化"。

除了以上两种方法以外，某些地区的达斡尔人还直接借入了部分汉族姓氏，如张、陶、白、邵、富等。

2. 亲属称谓

达斡尔族的亲属称谓制度是建立在前述哈拉莫昆制度基础之上的，其社会性质方面受到哈拉莫昆制度的影响和制约。如哈拉莫昆制度实际上是以男性为中心的父权社会，由此导致了达斡尔族的亲属称谓在父系称谓上的繁杂与庞大，而母系称谓相对于父系称谓的不平衡。达斡尔族的父系家族关系在一定程度上达到了较为完备的程度，亲缘关系以"父亲"为中心进行定位，不仅使达斡尔族社会宗法观念更加父系化，而且使达斡尔语的亲属称谓系统更加庞杂、表义更加细腻、指代更加具体化。据对达斡尔族的亲属称谓系统的整体结构研究有以下几个特点[1]：其一，从整体上来说，亲属称谓系统繁杂而庞大，可分为父系、母系、夫系、妻系四个系列。其中，父系称谓的内容最为丰富、复杂。其二，描述式称谓占多数。其三，除个别称谓外，大多只有一种口语形式，面称、背称多数一致，甚至面称、对称、背称一致。此外，统称词很少。其四，父母的手足系列称谓较为繁细，尤其父系亲属称谓相对比较系统，构成上也以单纯词和固有词为多数，且语义较为细腻。其五，直系晚辈血亲称谓比直系长辈血亲的专用称谓多。如达斡尔族的亲属称谓中上至祖父以上基本上用汉语称谓，甚至有些方言连祖父也用汉语称谓，而下至玄孙则基本普遍都是本民族固有称谓。

表3—5　达斡尔语亲属称谓语义场义素分布表

亲属称谓		男性	亲属关系			父系	平辈	长辈		晚辈				成年	配偶关系	生育关系	同胞关系	年长	子女
达斡尔语	汉义		直亲	旁亲	姻亲			上一辈	上两辈	下一辈	下两辈	下三辈	下四辈						
atʃʰa:	父	+	+			+		+						+	+	+			
əwə:	母		+					+						+	+	+			
kʰəkʰw	子		+			+				+				+-			+		+
ujin	女		+			+				+				+-			+		+
ərkun	丈夫	+	+			+	+							+	+		+		
əmək	妻				+		+							+	+				
akʰa:	兄	+		+			+							+-			+	+	
təu	弟	+		+			+							+-			+		
əkʰə	姊			+			+							+-			+	+	
ujin təu	妹			+			+							+-			+		
sarte: atʃʰa:	祖父	+	+			+			+					+	+				
na:tʃil sarte: atʃʰa:	外祖父	+	+						+					+					
sarte: əwə:	祖母		+			+			+					+	+				
na:tʃil sarte: əwə:	外祖母		+						+					+					
omul	孙	+	+			+					+			+-					
	外孙	+	+								+			+-					
omul ujin	孙女		+			+					+			+-					
	外孙女		+								+			+-					

---

[1]　除了以上达斡尔族的亲属称谓语义素分析材料外，以下分析还包括其他有关研究成果及其材料中所涉及的包括一部分汉语借词的达斡尔族亲属称谓系统。参见丁石庆《达斡尔语言与社会文化》，中央民族大学出版社1998年版。

续表

达斡尔语	汉义	男性	直亲	旁亲	姻亲	父系	平辈	上一辈	上两辈	下一辈	下两辈	下三辈	下四辈	成年	配偶关系	生育关系	同胞关系	年长	子女
tomul	曾孙	+	+			+						+		+-					
tomul ujin	曾孙女		+			+						+		+-					
ʃomul	玄孙	+	+			+							+	+-					
ʃomul ujin	玄孙女		+			+							+	+-					
ik atʃʰaː	伯父	+		+		+		+						+	+			+	
utʃʰikʰin atʃʰaː	叔父	+		+		+		+						+	+				
nautʃo	舅父	+		+				+						+	+			+-	
nain atʃʰaː	姑父																		
	姨父	+				+		+						+	+			+-	
ik əwəː	伯母					+		+						+	+			+	
utʃʰikʰin əwəː	婶母					+		+						+	+				
nautʃo	舅母							+						+	+			+-	
nain əwəː	姑母			+		+		+						+	+			+-	
	姨母			+				+						+	+			+-	
ujəːl akʰaː	堂兄	+		+		+	+							+-				+	
ujəːl təu	堂弟	+		+		+	+							+-					
tʰaːr akʰaː（姑表、舅表）	姑表兄	+		+		+	+							+-				+	
pul akʰaː（姨表）	姨表兄	+					+							+-				+	
tʰaːr təu	姑表弟	+		+		+	+							+-					
pul təu	姨表弟	+					+							+-					
ujəːl əkʰəː	堂姊			+		+	+							+-				+	
ujəːl ujin təu	堂妹			+		+	+							+-					
tʰaːr əkʰəː	姑表姊			+		+	+							+-				+	
pul əkʰəː	姨表姊						+							+-				+	
tʰaːr ujin təu	姑表妹			+		+	+							+-					
pul ujin təu	姨表妹						+							+-					
tʃyː	侄	+		+		+								+-					
tʃə	甥	+		+		+								+-					
tʃyː ujin	侄女			+		+								+-					
tʃə ujin	甥女			+		+								+-					
xatəm atʃʰaː[1]	公公	+			+									+	+				
	岳父	+			+									+	+				
xatəm əwəx	婆婆				+									+	+				
	岳母				+									+	+				

亲属称谓		男性	亲属关系			父系	平辈	长辈		晚辈				成年	配偶关系	生育关系	同胞关系	年长	子女
达斡尔语	汉义	男性	直亲	旁亲	姻亲	父系	平辈	上一辈	上两辈	下一辈	下两辈	下三辈	下四辈	成年	配偶关系	生育关系	同胞关系	年长	子女
xɑtəm akʰɑ:	夫兄	+			+									+				+	
	内兄	+			+									+-				+	
xɑtəm tɑu	夫弟	+			+									+-					
noːn pənər	内弟	+			+									+-					
auʃeː	姐夫	+			+	+								+	+			+	
təu xurkun	妹夫	+			+	+								+	+				
xɑtəm əkʰəː:②	夫姊				+									+				+	
	内姊				+									+-				+	
ujin pənər	夫妹				+									+-					
	内妹				+									+-					
pərkən	嫂				+									+	+				
təu pərj	弟媳				+	+								+	+				
xurkun	婿	+			+									+	+				
pərj	媳				+	+								+	+				

　　达斡尔语亲属称谓所反映的达斡尔族的社会文化结构及其社会组织关系有以下几个显著的特点：其一，达斡尔族构成了以男性为主的内部社会结构或称作男权社会。其二，以父系为中心的达斡尔族的亲属关系表现为单系继嗣为基础的氏族社会结构类型。其三，达斡尔族的社会组织带有浓郁的宗法社会制度色彩并具有男尊女卑的封建礼法性质。其四，由以上亲属关系形成了严格的社会内部的差序结构。家庭与社会的联系完全以家庭与家庭的血缘关系为基础，由家而家族，由家族而宗族，由宗族而氏族宗法，尊卑有序，等级森严。在家庭之内，子从父，弟从兄，妇从夫，实行嫡长继承制，男性家长是最高的权威。在家庭之外，家长服从族长，族长服从地方上的名门望族的族长，名门望族的族长直接对接地方的行政长官。因此，族权便与政权合二为一，家国同构；国家实际上即是家庭的再扩大和延伸。

---

　　① 直译为"岳（婆）家的父亲"，按达斡尔族亲属称谓规则，双亲的多数亲属在对称时都可在其相应称谓前面加上"xɑdəm"，如xɑdəm ik atʃɑ:（岳父或公公之兄）、xɑdəm akɑ:（夫兄或妻兄）、xɑdəm əkə:（夫姊或妻姊）等。

　　② "内姊"（妻子的姐姐）还有一个称谓："atʃ əkə:"。

达斡尔语的亲属称谓系统正是在这样的一种特殊的社会文化氛围中形成并渐趋完善的。

（四）精神生活词汇

在现代医学与科学知识未曾普及达斡尔族地区之前，萨满教及其文化深深地影响、渗透、制约了达斡尔人的精神世界与价值观念。这可从达斡尔语言有关萨满教的词语中初见端倪。

表3—6   达斡尔语所信仰萨满教诸神名称

神名	达斡尔语		原义	构成、功能或分工
天神	tʰənkər	atʃʰa: tʰənkər	父天	天
		əwə: tʰənkər	母天	天
		tali: xatʰo:	海姑娘	主管海洋
		notʰer noyan	乡土官人	主管天、地、人
地神	katʃər parkʰan		地	祈神禳灾除难，去凶化吉，顺喜康泰等
雷神	arti: parkʰan		雷	
火神	kalʲ parkʰan		火	
火土神	koltʃa:r parkʰan		灶王爷	
河神	pi:rki: parkʰan		河	
山神	pajin atʃʰa:		富裕的父亲	主宰森林等
祖宗神	xotʃo:r pakʰan		根、根源	氏族保护神
博果勒神	pokol parkʰan			似人名，氏族保护神，包括渔翁、猎人、挑担商、婴儿、宦官、老萨满及其神树、鹿、狗、蜥蜴、乌鸦、布谷鸟、蛇、鹰等24个神位
霍列力神	xolə:r parkʰan	manke:	魔怪	九个精灵组成的恶灵
		ertənkar manke:	魔鬼	九头超级凶魔
		təlkə:ti:	原意不明	九个九头魂灵
		tʰakʰikar	弓背	两人魂灵
		pukʰuikər	驼背	两人魂灵
		kʰarani: kʰatʃʰoni:	黑色、冻僵	两人魂灵
		kʰaltʰəkti:	单个的	两人魂灵

续表

神名		达斡尔语	原义	构成、功能或分工
霍列力神	xolə:r parkʰan	kʰultʰinkər	腿	一条人腿的魂灵
		altʰən ʃukʰa:pir	金龟	两只金龟魂灵
		munkun ʃukʰa:pir	银龟	两只青蛙魂灵
		səmərkʰən kʰəntʰəl	原意不明	两人魂灵
		pirki: pitʃʰiw pitʃʰetʃʰin	部落记录	九齿状木制神偶
		nari:n kəkʰu: tʃʰwa:nka:lan	布谷鸟叫	两只布谷鸟魂灵
		isər xore:	伊斯力地方的畜圈	九根畜圈的栏桩魂灵
		miautʃʰa:n	瞄枪	一支猎枪魂灵
		tʰailək muturtʰək tʃur mutur tʃuktʰəlkən	健壮的龙 倔强的龙	两条云龙魂灵
		ji:sən kʰəkʰur mɑrəlʃlan ji:sən ukulurkiələn	九童男九童女跳舞	九童男九童女魂灵
熊		atʰərkʰan	老爷子	
老虎		noyɑn kurə:s	兽中之王	狩猎神
树神		xailəs parkʰan	树	

（五）儿语

达斡尔语词汇中，有一类词语较为特殊，这就是儿语。这类词，多以重复长元音音节为主要构成特点，简单举例如下：[1]

表3—7

词汇	词义	词汇	词义
ma:kʰa:	帽子	mɑ:mɑ:	马
tʰə:tʰə:	衣服	wə:wə:	牛
kʰo:kʰo:	鞋	mʲemʲe:	牛犊
kʰa:kʰa:	手	ajo:	狗
kʰu:kʰu:	脚	mi:mi:	猫

---

[1] 引自刚苏和《达斡尔语分类词汇集》，内蒙古文化出版社2011年版，第539—544页。

续表

词汇	词义	词汇	词义
pʰɑ:pʰɑ:	饭	lo:lo:	猪
pʰə:pʰə:	饽饽	kʰɑ:kʰɑ:	鸡
nʲɑ:nʲɑ:	肉	ɑpʰɑ:	筷子
tʃʰu:tʃʰu:	奶	omo:	匙子
wo:wo:	水	manman	吃
antʰɑ:	糖	tʃʰɑ:	饱
kʰo:kʰo:	睡觉	əju:	痛
ləkʰə:lələ:	走动	mu:mu:	叩首顶头
kʰukʰɑ:	摔倒	tʰə:tʰu:	亲昵
ətʰu:	起来	kʰɑ:kʰi:	脏
otʃʰo:	烫	tʃʰɑ:tʃʰi:	好看
ɑpʰu:	吹	kʰɑ:	辣
pʰipʰi:	吐出	pʰə:r	飞
tʃʰo:tʃʰo:	坐	ɑ:kʰu	没有
tʰɑ:tʰɑ:	打	ɑmu:kʰwə:	怪物

三　借词①

（一）满语借词

　　达斡尔语中的满语借词以实词为主，其中名词、动词、形容词的比例约为3∶2∶1，名词所占比重最大。其余词性的借词占比例较小。虚词数量少，分布较均匀。

---

　　①　我们根据恩和巴图《达斡尔语词汇》收录词汇统计结果为，该词典共收录词汇7783个。其中满语借词820个，约占10.5%；汉语借词497个，约占6%。另有少量来自俄罗斯语、鄂温克语和鄂伦春语等语言的借词。相关数据统计结果参阅王斯文《〈达斡尔语词汇〉中的满、汉语借词对比研究》，硕士学位论文，中央民族大学，2015年。

表3—8　　　　　　　　　　　满语借词词性分布

词性 借词来源	名词	动词	形容词	副词	代词	连词	量词	后置词	情态动词	叹词	时位词
满语借词	316	211	101	20	5	5	4	6	3	1	1

达斡尔语中的满语借词从内容方面进行分类，情况如下：

表3—9　　　　　　　　　　　满语借词的内容分布

内容	人体与自然	生产生活	动植物	律法、武器与官职	亲属氏族	社会组织与身份
满语借词数量	21	115	65	41	14	60
占比（%）	2.6	14	7.9	5	1.7	7.3
内容	宗教神话	节气习俗	文艺娱乐	精神品质	动作心理	其他
满语借词数量	23	30	35	53	194	167
占比（%）	2.8	3.7	4.3	6.5	23.7	20.4

说明：因为计算过程中采取四舍五入的方法，故表中各分项百分比之和有时不等于100%。后同。

达斡尔语中满语借词的单义词所占比重明显突出，双义词次之，多义词最少。除未发生变化的词义外，存在词义扩大、词义缩小、词义转移的现象。其中，词义缩小最为明显。

表3—10　　　　　　　　　　满语借词的义项分布

词义	单义词	双义词	多义词
数量	709	99	12
占比（%）	86.5	12.1	1.4

据统计，满语借词大致占达斡尔语言整个词汇的10%的比例。在这10%的满语借词中，我们又进行了大致分类，其中反映物质文化交流层次的约占25%，反映制度文化层次的词汇占约25%；反映心理文化方面的词汇约占25%，反映其他方面的词汇约占25%。从满语借词的数量及其分布范围可以看出，满语借词在达斡尔语言中具有十分重要的地位。从满语借词的内容上看，它们一般都是达斡尔语中所没有的一些词汇，尤其是反映衣食住行的词汇相对较多。举例如下：

sɑpi　　　　　　　鞋　　　　　　　tɑlikʰu　　　　　①帽檐②书皮

ʃuʷɑ	黑绫头巾	xakʰur	裤子
kəʃkʰur	男单袍	kakək	蟒袍
tokʰu	鞋垫子	pirunkʰʷ	擀面杖
tʃakʰɑ	东西	ɑnukʰʷ	锁头
jaːkə	木炭	kʰiaːl	网兜
xunkʰʷ	毛巾	tʰəpkʰ	衣袋、小袋
niaskən	墨线	səlkʰ	项链
tʰək	木旋、床	kuː	①玉②玻璃
sarən	伞	ɑnlɑː	坛子、瓮
ləkʰ	磨石	kʰʷaikʰ	草根坯
tokutoːl	炕沿垫板	sarənkʰu	炕头柜
kʰʷɑː	院、宅	tukʰɑː	大门、院门
kʰiaːtʰər	栅栏		

　　清代，清廷在达斡尔族以往的氏族社会组织形式基础之上设置了八旗制度，达斡尔族过去的社会组织形式也相应地发生了一些变化，也给达斡尔语带来了许多相关的政治、行政设置类词语：

tasən	政治	parkeː	统治、管辖
kurun	国、国家	tʃətʃʰən	国界、疆界
kʰotʰun	城	tʰors	村镇
kəmun	京城	kaʃaːn	乡、乡村
kʷas	旗	aimən	民族
kʰontʃʰiki	①血统②宗族、家族	ukʰusun	宗族

　　随着达斡尔族受辖于清朝政府，与统辖制度相关的法律词汇也相继进入到达斡尔语言中来：

pʰapəl	限制、禁止	kʰokʰj	同伙、同党
isaːn	大会	tʰortʰoːpun	决定
pʰartʃeːn	主张	pʰapun	令、法制
xəs	命令、旨令	tʰʷɑːpun	布告
ɑlʲpun	呈子、呈文	ərun	刑、刑法

səlkeːn	布告	torun	图章

由于与满族等先进民族的接触与多方面的交往，达斡尔语言中出现了许多反映各民族物质文化生产和交流的词汇：

tʃʰoːlkan	楚勒罕①、盟会	tʃika	钱
ant	安达	matkən	利息
ulin	钱财	xuta	价钱
kʲat	矛、扎枪	toːlunkʰu	鹰架子
tʰunkʰu	箭靶子	aur	工具、武器
mokʷleːn	弹头	tʰareː	庄稼
narkoːr	耙	xonkʰw	牧场
orkuitaː	人参	tʰokʰ ilkaː	桔梗（药草）

在达斡尔语的满语借词系统中，有关官吏的名称自成一体，并构成了独具特色的语义场：

soːrin	皇位	ukərtaː	总管
ətʃin	①皇帝②主人	poʃkʰu	领摧
ampən	大臣	tʰakʰurʃ	差使、公差
ukʰʃin	马甲（清代官职）	tʃʰwak	①士兵②军队
xapʰən	官	kʷaʃkʰ	随从
poikuntaː	户主、家长	tʃeŋkin	章京（清代官职）
tʰuʃaːn	公职、职务	ulaː	官差、马役
tʰərkʰin	①台阶②等级、阶级	kʲaːmən	驿站、车站

达斡尔族文化教育始于满语文学堂和私塾，因此，有关文化教育词汇很快地进入到了达斡尔语中，如：

xərkən	字、词	saisaː	秀才
utʃʰun	舞春（叙事体诗）	tʰaʃkʰu	学校
kʰumun	音乐	tʃuləːn	①本子②小说

达斡尔族与满族一样都信仰萨满教，在达斡尔族与满族发生了广泛的接触之后，满族的有关词汇十分自然地被吸收到了达斡尔语中，如：

---

① 系清中期在达斡尔族地区举办的大型的物资交流会。

əntur	神仙	ipɑ:kan	妖怪
əltʃʰin	使者	tʃukʰtʰ	上供
irmu:xan	①阎王②地狱、阴间	mⁱauʃkun	①邪②迷信、玄虚
kʷɑ:lərs	仙衣		

此外，达斡尔语中还吸收了许多抽象词语：

kʰolinpu:	蒙蔽、蒙骗	koʃin	仁、仁爱
tʃurkan	义	ununki:	诚实的、虔诚的
məktə:n	发展	aktun	信用、保证
xəspən	命运	pail	恩情、恩惠

（二）汉语借词

达斡尔语中的汉语借词从词性方面划分，情况如下：

表3—11　　　　　　　　　汉语借词的词性分布

词性	名词	动词	形容词	副词	代词	连词	量词	情态动词
分布	368	54	17	2	0	2	11	3

汉语借词的内容分布情况如下：

表3—12　　　　　　　　　汉语借词的内容分布

内容	人体与自然	生产生活	动植物	律法与官职	亲属氏族	社会组织与身份
数量	13	178	40	27	17	40
占比	2.6%	36%	8%	5.4%	3.4%	8%
内容	宗教神话	节气习俗	文艺娱乐	精神品质	动作心理	其他
数量	6	6	28	4	43	134
占比	1.2%	1.2%	5.6	0.8%	8.7%	26%

表3—13　　　　　　　　　汉语借词的义项分布

词义	单义词	双义词	多义词
数量	467	28	2
占比	94%	5.6%	0.4%

我们以约占达斡尔语词汇的7%的汉语借词为例，其中反映物质文化交流层次的约占60%强，反映制度文化层次的词汇约占20%强；反映心理

文化方面的词汇约占4%，反映其他方面的词汇约占15%。如：[①]

衣：

tʃɑ:ti	夹的（衣服）	wəipə:s	围脖子（围巾）
ta:pu:	大布、土布、粗布	tɑ:lin	褡裢、马褡子
kʷɑ:	袼褙	tʃɑ:s	架子（头饰）
pʰɑns	纺子、生绢		

食：

penʃ	扁食（饺子）	kɑnpʰən	干饭
kuə:kʰui	锅盔（发面饼）	təupin	豆饼
tʷə:p	豆腐		

住：

tʃʰoŋkʰu	窗户	kə:ʃeen	格栅（内门）
kʰu:	库	tʰɑis	台子
wo:pʰən	窝棚		

行：

tʃʰo:n	船	xo:tʃə:	火车
ta:paltʃʰə:	大板车（大卡车）	xo:luntʃʰon	火轮船
tʃi:nantʃən	指南针		

用：

tʃɑul	笊篱	tʃʰɑ:ʰu:	茶壶
tⁱɑ:s	碟子	tʃʰy:tun	取灯（火柴）
saituns	菜墩子	ɑnpans	案板、面板

农具：

ʃantu:	钐刀	jaŋpɑ:	洋耙
tʃɑ:tu	铡刀	tʃə:tʰu:	镢头
kuns	磙子		

---

① 笔者主要根据恩和巴图等编：《达斡尔语词汇》（内蒙古人民出版社1984年版）所列词汇进行了粗略统计，有关汉语借词的词例及部分研究成果可参见丁石庆《关于达斡尔语中的汉语借词—清代达斡尔语与满、汉语言关系探略》，载《少数民族语言与汉语关系研究》，《中央民族学院学报》，1990年（增刊）；丁石庆《达斡尔语早期汉语借词再探》，载《满语研究》1993年第2期。

蔬菜：

təuja:s	豆芽子	kʰo:lo:p	胡萝卜
tɑ:lo:p	大萝卜	tʰu:tu:	土豆
wə:kə:	倭瓜		

经济贸易：

xanʃ	行市、价钱	pʰanʧʰin	盘缠
pənʧʰə:n	本钱	tⁱan	店
jinxaŋ	银行		

称谓①：

xʷaŋti:	皇帝	xʷans	皇子
i:ti:	玉帝	ʧanʧun	将军、武将
saiʃan	宰相	kunʧu:	公主
ʧʰəŋxian	丞相	tʰais	太子
tʰeiʧin	铁匠		

文折：

ʧʰəns	呈子	ʧə:s	折子
kauʃ	告示	kⁱap	家谱

宗教迷信词语：

ʃaŋlu:	香炉	kʷa	卦
pʰu:sa	菩萨	po:	护身符
mⁱauʧʰa:n	瞄枪②霍列尔神之一		

由于语言结构等方面的差异，在汉语借词进入达斡尔语时，借入的汉语动词或其他词变成动词时在形态构成上一般要附加达斡尔语动词构词成分，使该动词尽量"本土化"，如：

动词例	汉义	动词例	汉义
tʰaipə-r	变太平、安定	ʧʰa-l	①相差②特殊

---

① 达斡尔语借入了一批汉语亲属称谓，对此笔者曾作过专题研究，在此不赘。详见丁石庆《达斡尔语亲属称谓试析》，载《中国民族语言论丛》（2），云南民族出版社1997年版。

jɑn-li	演、表演	pʰəi-l	①赔②损失
kʰəu-l	雕刻、刻	sui-l	①折磨②拷打
mixu-l	迷糊	ʃəːmi-l	（舍命）奋斗、努力
tʃʷɑː-l	赚	jentʃi-l	（胭脂）打扮
sixoː-l	伺候	tʰɑnnuː-lɑ	（强盗）抢

某些借词在进入达斡尔语后在语义上也有相应的变化，主要表现为词义的扩大、缩小、转移等方面，如：

词义扩大例：

词例	词义（达斡尔语）	原义（汉语）
pɑiʃin	①百姓、平民②空闲	百姓
tʃʰɑːl	①相差②特殊的	差
jəːnuːtʰiː	①热闹的②可笑的	热闹
tʃautʃʰin	①交情、交往②事由	交情
kʰoːloː	①葫芦②头颅	葫芦
pɑipɑiti	①白白地、平常的②只是	白白地
tiːs	①基础②家底③病根	底子
tʃautʃil	①着急②下狠心③要强	着急

词义缩小例：

词例	词义（达斡尔语）	原义（汉语）
xuː	酒壶	壶
ʃɑnʃən	医生、中医大夫	先生
tʃʰys	赌局	局子
sɑilɑː	调味品	材料
noːkʰəl	后脑勺	脑壳

词义转移例：

词例	词义（达斡尔语）	原义（汉语）
pisoː	溜须拍马、献媚	婊子
kʷɑnkul	①赌徒、二流子②游手好闲者	光棍
pʰɑutʰul	①光棍汉②鳏夫	跑腿

| suil | ①折磨②拷打 | 罪 |
| p^hi: | ①皮的②不要脸的 | 皮 |

suil　　　　　　　　①折磨②拷打　　　　　　　　罪

p^hi:　　　　　　　①皮的②不要脸的　　　　　　皮

sailo: uwəi　　　　小事、无关紧要的　　　　　　材料

p^hatʃe　　　　　　能干　　　　　　　　　　　　巴结

　　由于上述原因，许多汉语词汇很早就已经通过满语为媒介进入了达斡尔语，或者可以这样认为，当时这些汉语词汇达斡尔人是当作满语词汇借入达斡尔语中的，我们以下列具体词例为证。[①]

汉语	达斡尔语	语义	满语	语义
砂糖	sat^hən	泛指糖类	ʂat^han	白糖
馒头	mant^hu:	馒头	mənt^hu	馒头
桃	t^hor	桃	t^horo	桃
筐篓	p^ho:lo:s	筐篓	p^holori	大簸箕
灯笼	tənlu:	灯笼	tənlu	灯笼
灯盏	təntʃə:n	灯盏	təntʂan	灯盏
马勺	mɑso:	马勺	mɑso:	马勺
板凳	pantən	板凳	pantən	板凳
麦子	mais	麦子	maisə	麦子
骡子	lʷə:s	骡子	losa	骡子
楼	ləus	楼	ləusə	楼、楼阁
买卖	maiman	买卖	maiman	买卖、交易
斤	kin	斤	kin	斤
丈	tʃan	丈	tʂ^haŋ	丈
炮仗（爆竹）	p^hautʃin	炮仗	p^hotʂan	炮仗
菩萨	p^hu:sɑ	菩萨	p^husa（fusa）	菩萨
当铺	tamp^h	当铺	tamp^h	当铺
通事（翻译）	t^hunʃ	（通事）翻译	t^huŋsə	（通事）翻译
赏	ʃannə	赏		

---

① 详见丁石庆《达斡尔语早期汉语借词再探》，载《满语研究》1993年第2期。

本事	pənsən	本事	pəŋsən	本事
炮	pʰau	炮	pʰoː	炮
太平	tʰaipən	太平	tʰaifin	太平、康宁
钥匙	joːsəkʰ	锁头	joːsə	锁头

通过以上例词对比，我们可以看到，上列汉语借词在音义上更接近于满语，并且它们在达斡尔语各方言中基本保持音义上的一致，结合清代达斡尔族与满—汉族际关系及语言关系进行推断，这些汉语借词借入时间应该在清中期左右，并应该是通过满语借入达斡尔语的。以下词例可进一步证实这种推断：

汉语	达斡尔语	语义	满语	语义
砣子	tʰoːs	①秤砣②权力	tʰoːsə	①秤砣②线陀螺③权力
罪	sui	罪	sui	①罪②磨难
坛子、罐子	tʰans	坛子、罐子	tʰan	①滩②坛
堂屋	tʰankul	堂屋	tʰakkuli	明间（堂屋中间）②账房
样子	jansəl	样子	jansa	①好看的，有文采的②牛样子
龟	kui	龟	kui	①龟②贵
皮箱、箱子	pʰitʃaːn	皮箱、箱子	pʰitʃaːn	①皮箱②皮匠
分	pʰun	分	fun	①分②粉
本分、分内	pən	本分、分内	pən	①本领②本子
丈	tʃaŋ	丈	tʃaŋ	①丈②杖③章
砚	jan	砚	juʷan	①砚②猿③庵鱼（鳖）
宝贝	paupəi	宝贝	poːpəi	①宝贝②玉玺
白（费）	pai	白（费）	pai	①等闲的②地方的③平白、白的④罢

以上汉语借词在达斡尔语中均表现为单一性，而在满语中却表现为多义词或同音词。这种现象在很大程度上说明了语言接触与相互影响过程中，不同语言之间的接触范围、文化交流内容以及深度具有十分重要的制约作用。由于达斡尔人在通过满语借入这些汉语借词时，达斡尔族与汉族

之间还未发生广泛而直接的接触与交往，因此，达斡尔族对与这些汉语借词在语音形式上相同（或相近）的或在语义内涵上彼此存在某种联系的事物（或概念）还不甚了解。由于还不能建立起这些事物或概念之间的相互联系，因此，在借用关系上就远不如同汉族及其文化接触已久的满族人使用这些汉语借词时更为广泛、深入和系统。

此外，我们还可以找到一些能够证实清末以前达斡尔语与满语及汉语之间所存在的不同关系的佐证。如蒙古族在南征宋朝时蒙古书面语从汉语中直接借入了表示"钱、金钱、货币、纸币、通货"等语义内容的词语 tʃoɣos "交子（钱）"（又叫做"关子"或"令子"）。该词表示的是曾流行于宋初商人之间的一种流通纸币，应属早期汉语词。与蒙古族同语族并在历史上曾存在某种渊源关系的达斡尔人却并没有从蒙古语借用这个词，而是从满语中吸收了与此相应的 tʃiːka "钱"一词。[1]这样的例证我们还可从其他方面找到，如阿尔泰语系中的蒙古语族诸语与突厥语族诸语拥有许多共同的早期汉语借词，而与这些汉语借词相关的词语大多数在达斡尔语中或表现为固有词或满语借词形式。

（三）其他语言借词

除了上述来自满语和汉语的借词外，达斡尔语中还有少量来自周边兄弟民族语言和俄罗斯语的借词，虽然数量较少，分布范围有限，但它们也反映了达斡尔族与使用这些语言的民族的历史关系和语言交往背景。

1. 鄂温克语借词

ɑuʃeː	姐夫
ɑtʒ	妻之姊，大姨子
ərtʃəl	公牛，犍牛
noːn pənər	小舅子
pɑːnʲ	冰雹
pɑːr	周年，周岁，生日
pɑːrəl-	过一周岁生日，过生日
pənər	小姨子，小舅子

---

① 恩和巴图：《达斡尔语与蒙古语》，内蒙古人民出版社1988年版，第509页。

tɔː	河边

2. 鄂伦春语借词

ətʰərkʰəːn	熊，母熊
pɑinɑːtʃʰɑ	小土地，猎神，山神
pʰəntʰuː	鹿茸
pʰəntʰuːməː	打鹿茸
tʰatʰən tɑː	狩猎长
tʰəmʲ	木筏子
tʃʰikʰɑːmiː	其卡米靴（狍腿皮软底鞋）
tʃuːrməːn	两叉鹿茸
jɑlərmɑːn	三叉鹿茸
jɑllɑːn pʰəntʰuː	光骨头鹿角

3. 俄罗斯语借词

pɑːnkʰʲ	水壶，背壶
pirtɑːn	别旦式单响猎枪
pʰuːs	大捆，普特
maʃin	机器
maʃintɑː	用机器织缝
ʃilʲɑːpʰkʰ	礼帽
tʰopʰɔːr	斧子
wəitrəː	水桶

4. 达斡尔语中保留的《蒙古秘史》等蒙古历史文献的词汇

ɑurutʃʷ	（烟苗）苗圃
ɑltʒɑː	分离，离开，（因疾病等原因脸色的）改变
əurkʰəː	送行，送别，送葬
əurkʰəːltʃ	告别，相送
ontʰʃ	刀子
nəlkʰ	襁褓

nəmpəː	苦芳草
nitʃəːl	各一个
noː	角，角落
pellur	百灵鸟
pok^{hj}	捆绑
p^jasər	满溢，涨出
xɑul	（牲畜、野兽）跑，牲畜发情
xɑurtʃul	壕沟
xək^{hj}	头
xək^{hj} xɑnnɑːtʃu ontʃ^h	剃头刀
xon^j	烟
xotʃoːr	根源，祖宗，祖神
xor	凝固
xoroːlətʃ	米面点心（包括^wat^h xoroːt）
xuː	腐烂
k^hətʃ^h kəuwu	地钩
kəuwu	钓钩
kəuwuləː	钓鱼
mutʃtun ontʃ^h	蒙古刀，尖刀
susrəː	倒，斟，浇，铸
s^watʃəs	雅罗鱼，小白鱼
t^hulmɑːti susrəː-	倾盆大雨
t^jallə	晚
t^jallət^h	迟，迟到
tʃauwəːs	灯笼花，百合
tʃaŋk^{hw} ontʃ^h	大刀（兵器）
tʃitən	兴安岭
joːr	箭头

watʰ xoroːlətʃ	精制糕点（米糕、奶糕等）
utʰum	饽饽，点心
natʒir	夏天
paltʰiː utʰum	夹苏子饼
palsən utʰum	煨饼
xaːnksən utʰum	烙饼
kʰakʰraː paːs utʰum	芙蓉糕
kintʰiː utʰum	糕点，点心
tʰuwaː utʰum	油炸饼
tʃʰertʃʰukʰʷ utʰum	馅饼
tʃʰomoː utʰum	荞面窝窝

5. 通过满语借自藏语等语言的词汇

达斡尔语	间接性借入语言
lam喇嘛	满语：lamun喇嘛　蒙古书面语：plam-a喇嘛　藏语：plama喇嘛
sutur历史	满语：sutʰuri历史　蒙古书面语：sutʰra经，经卷，经书；史册，史书　梵语：sutʰra
arʃeːn温泉	满语：aršan　蒙古书面语：rasiyan　梵语：rasjana
kaləp世界、尘寰	满语：k'alapa代，时代，劫　梵语：kʰalpʰa
təptʰleːn本子	满语：teptʰelin意义同上　蒙古语：（teptʰer）本子、册子，书本，史册　藏语：tep-tʰer　波斯：taftʰār　希腊：tiftʰera
lom经	满语：nomun意义同上，蒙古书面语：nom书，书籍，经，经卷　维吾尔语：nom　粟特语：nõm　希腊语：noˈmos;
arkʲ酒	满语：arkʰi　蒙古书面语：arikʰi　阿拉伯：'araq汉，蒸发，干
ʃepⁿ学生，徒弟	
	满语：šapi　汉语：沙弥　梵语：ɰpʰaмaн

第四章　词类

第一节　专有名词

  达斡尔语名词后能够带格标记，有数范畴、领属范畴及名词附加成分等形态。名词在句中不可以直接做谓语成分。黏附成分不能独立出现，属于后置型，无前缀。名词可以分为普通名词、专有名词、方位词、时间词等。普通名词是名词中最常用的小类，可以带属格标记、位格标记、工具格标记、从格标记、共同格标记等。语义上可以作为核心论元或者间接论元。从句法上说，它们可以作为名词短语的中心，也可以作为其修饰成分。

  达斡尔语的专有名词可以分为两大类，即人名和地名。专有名词不可以直接修饰名词中心词。在语义上和语法上，人名像普通名词一样可以作为核心论元或者间接论元，也可作为名词短语的核心或名词的修饰成分，例如下面例句中的人名ilɑ:n"伊兰"用作核心论元：

ilɑ:n mini: ujin təu mini: .

伊兰 1sg: GEN 女 弟弟 1sg: GEN

伊兰是我的妹妹。

  "达斡尔语地名的命名机制呈现多元化特点，同时又具有民族特色，通常与氏族和部落的名称、地理环境、当地生产、生活方式等密切相关"（郭玲丽，2016）。地名后可以带位格标记、属格标记、方位助词、确定方位格、不确定方位格等成分，如例句：

pi: kər-t pəi.（位格标记）

1sg 家-LOC 在

我在家。

tʰɑːwəntʃʰin-iː　　kʰʷnmilə　mɑtən　sɑin.（属格标记）

塔温浅-GEN　　坤米勒　非常　好

塔温浅的柳蒿芽很好。

patʰɑː olorʷ polkʷ ɑul-iː　　tʰər　pəi tʃur-t　　　kui-sən.（方位助词）

敌人　PL　都　　山-GEN 那个 面 方向-LOC 跑-PFV

敌人都向山后面跑了。

第二节　代词

达斡尔语的代词可以分为人称代词、指示代词、疑问代词三类。

一　人称代词

达斡尔语人称代词有三个人称和其相应的复数形式。第三人称无有生命和无生命的区别。具体的人称代词形式见下表：

表4—1　人称代词的变格

格＼人称	第一人称			第二人称		第三人称	
	单数	复数		单数	复数	单数	复数
		排除式	包括式				
主格	piː	pɑː	pet	ʃiː	tʰɑː	iːn	əteː
领属格	miniː	mɑːniː	petniː	ʃiniː	tʰɑːniː	iniː	əteːniː
宾格	nɑmiː	mɑːniː	petniː	ʃɑmi	tʰɑːniː	iɑmiː	əteːniː
与格	nɑmət nɑːt	mɑːnt	petənt	ʃɑmət	tʰɑːnə / tʰɑːnt	iɑmət	en-neteː
位格	nɑmət	mɑːnt	petənt	ʃɑmət	tʰɑːnt tʰɑːnə	iɑmət	ətən-nə
工具格	nɑm-ɑːr	mɑː-nɑːr	petən-nɑːr	ʃɑm-ɑːr	tʰɑː-nɑːr	iɑm-ɑːr	ətən-nɑːr
共同格	nɑm-tʰiː	mɑːn-tʰiː	petən-tʰiː	ʃɑm-tʰiː	tʰɑːn-tʰiː	iɑm-tʰiː	ətən-tʰiː

二　指示代词

达斡尔语的代词系统是由基本的近指"这"和远指"那"构成，没有中间地带的特殊表达方式。指示代词的示例和其在句中的使用情况如下：

ənə这个　　　　tʰənə那个　　　　əita:/əwən这里　　　tʰita:/tʰiwə:n那里

əi/əimɛr这样　　tʰi:/tʰi:mər那样　　əikʰən这些　　　　tʰi:kʰən那些

ʃi:　ənəwən jau,　i:n　tʰi:wən　jau-pəi.

2sg　这里　　走　3sg　那里　　走-PRES

你从这里走，他从那里走。

əikʰən-ni:　akʰa-i:k　　tʰi:kʰən-ni:　ʃini:.

这些-FOC　哥哥-GEN　那些-FOC　2sg：GEN

这些是哥哥的，那些是你的。

ənə　wakʰəlr tənmə:lə　tʰənnəkʰ　wakʰəlr xulu: əməʃi ʃat-pəi.

这个　衣服　　很　　　那个　　　衣服　　多　穿　会-PRES

这个衣服总比那个衣服实用。

表示距离远近的指示代词属于二分法，只有近指和远指这两种情况。距离上的近指和远指代词系统分别由“əi”和“tʰi:”两个词根转换而来。通常来说，离自己较近的距离都用近指代词，而较远的距离则用远指代词。距离范围没有严格的划分。在表达距离相对较远的情况时，采用重叠的形式，例如：tʰita tʰita:很远很远。

三　疑问代词

疑问代词的句法位置一般居于句首或者句中。疑问代词在句尾的情况较少，且句子短小，例如：ʃi: xəni:?（你是谁？）。有些陈述句可以直接转换为疑问句。常见的疑问代词主要有：jo:什么，joku:为什么，xə:r怎么，jo:ekʰe:多少，xa:nə哪里，jamər哪一个，较为常用的疑问代词和例句如下所示：

xa:nə　itʃʰi-pəi?

哪里　去-PROS

去哪里？

pet　　　　　xaita:　jau-ta:?

1pl：INCL　哪里　走-LOC

我们往哪儿走？

xən　tʰaːni:　　　　kər-t　tʰaːnə　itʃʰi-sən?

谁　2PL：GEN　家-LOC　2pl　去-PFV

谁去你们家了？

ʃiː　xətʃəː　irə　ʃiː?

2sg　何时　来　2sg

你什么时候来的？

ənə　xʷartʃʰi　joːke:　tʃikaː?

这个　裙子　　多少　钱

这个裙子多少钱？

xəri:　əməkʰailʲ　pʰantʃʰi-la:　　moː?

怎么　这么　　生气- CAUS　语气词

怎么会这么生气呢？

第三节　数量词

数词和量词的集合称为数量词。数量词的主要语法功能是用来修饰名词。由数量词充任的修饰语和中心语之间具有同位关系，因此在一定的语言环境里修饰语可以代替整个偏正结构。

一　数词

数词可以分为单纯数词、位数词、合成数词、序数词、概数词、分数词类。

1.单纯数词

数词系统中，十以上的数字如二十、三十、四十等是在数字（2~9）的基础上变化而来的，例如xoir（二）对应xorʲ（二十），kʷarpə（三）对应kotʃʰ（三十），turpʷ（四）对应tutʃʰ（四十），tʰaːwu（五）对应tʰapʲ（五十），tʃirkoː（六）对应tʃar（六十），toloː（七）对应tal（七十），naim（八）对应naj（八十），is（九）对应jər（九十）。位数词不多，只有xarpə十、tʃau百、mʲankə千、tʰum万等。

表4—2　　　　　　　　　　　　　　　　单纯数词

nək^h　一	xoir　二	k^{w}arpə　三
turp^w　四	t^{h}a:wu　五	tʃirko:　六
tolo:　七	naim　八	is　　九
xarpə　十	xor^j　二十	kotʃ^h　三十
tutʃ^h　四十	t^{h}ap^j　五十	tʃar　六十
tal　七十	naj　八十	jər　九十
tʃau　百	m^{j}ankə　千	t^{h}um　万

2.合成数词

达斡尔语中的合成数词是数词之间的简单组合，并无特殊的语法形态，例如：

xarpən　nək^h 十一　　xapən t^{h}a:wu 十五

十　　　一　　　　十　　　　五

t^{h}ap in tʃirko: 五十六　jərən is 九十九

五十　六　　　　　九十九

k^{w}arpən tʃau t^{h}ap^j　三百五十

三　　百　五十

3.序数词

序数词通常在数词之后缀以"ta:r"等相关变体形式，表示位于第几，有些序数词还有多种形式或另有特殊表现形式，例如：

nək^{h}tə:r 第一（或t^{h}u:ron第一、冠军）、xoirta:r 第二、k^{w}arəpt^{h}a:r 第三（或ku:t^{h}ar）、turuptə:r 第四（或tut^{h}ə:r）、t^{h}a:wuta:r 第五、tʃirko:ta:r 第六、tolo:ta:r（或tollo:r）第七 naimta:r 第八、ista:r 第九、xarpəta:r 第十、xor^{j}ta:r 第二十、kotʃ^{h}ta:r 第三十、tʃaurta:r 第一百

序数词在句中通常和动词在一起出现，且位于动词之后，如下所示：

i:n　k^{h}auli　t^{h}u:ron　polən,　pi:　k^{h}auli　xoirta:r　polən.

3sg　考　　第一　　　了　　　　1sg　考　　第二　　　了

他考了第一，我考了第二。

4.概数词

达斡尔语没有特定的概数附加成分，一般用基数词后加"ʃak^{h}ən、xət、xulu:"等来表示概数，例如：

xoir ʃakʰən 两三个

xɑrpəːn xət 十几个

tʃau xuluː 一百多个

nəkʰ atəu 一堆

turpʷ nəkʰnə 四个一起

概数词在句子中的用法如下：

paː kʷarpl tʃʷaːnməl nəkʰ naːwaː.

1pl 三个 总是 一个 伴随

我们三个总在一起。

kər-iː əut-iː onlonnə xoir kʷarpə jajaː ɑː-tʃɑːpəi.

家-GEN 门口-GEN 旁边 两个 三个 鸭子 在-PROG

家门口有两三只鸭子。

aulə sair-iː tʷanpəitnə nəkʰ atəu tʃʰoloː-pəi.

山 边缘-GEN 下面 一个 堆 石头-PRES

山脚下有一堆石头。

5.分数词

分数词的表示方式是分母在前，后接"-opəi"，最后是分子。"opəi"用来表示分数，表示"占有"的意思。其中，占有一份时要用"nəkʰnə"，其余都用数字本身，没有任何变化。

kʷarpə opəi nəkʰnə三分之一

三 占有 一

tʰaːwu opəi xoir五分之二

五 占有 二

toloː opəi tʰaːwu七分之五

七 占有 五

turpʷ opəi xoir四分之二

四 占有 二

二 量词

量词通常和数词连用，位于数词之后，被修饰的名词前，可作名词的限定语，量词示例如下：

杯	tʃʰomo:	双	tʃu:ru	瓶	lo:nkʰʷ	寸	xolor
件	tʃɑ:nə	斤	kin	滴	tausukʰʷ:	棵	xotʃorʷ
石	kʰʷ:lə	筐	tʃʰə:ltʃʰə:	本	tatʃiar	打	tar
盆	tʰiə	页	apkə:	扇	sar	根	xotʃʰjor
桶	tʰurmɑ:	片	pʰjar				

量词在句子中的用法：

nəkʰ tʃʰomo : os 一杯水

一　　　杯　　水

kʷarpə xotʃorʷ moto: 三棵树

三　　　棵　　树

tʰɑ:u: kin mjak 五斤肉

五　　斤　肉

达斡尔语的很多名词也可以用作量词，例如：nə:m盒子、lonkʰʷ瓶子、tʃʰatʃʰukʰʷ碗、tʃomo:杯子、tʰulma:水桶、kʰəuti:袋子、tʃʰə:ltʃʰə:筐、tʰunpʰən盆子、sar扇等，例如：

xoir tʃʰatʃukʰʷ su: 两碗牛奶

两　　碗　　　牛奶

tʃirko: nə:m tʃʰy:tʰun 六盒火柴

六　　盒　　火柴

第四节　空间方位词

方位词是表示方位、处所的词。达斡尔语中较为常用的表示地理方位的词示例如下：

karkui东	əməl南面/前面	wanəkui西	xʷainə北面/后面
solkui左	parən右	pətik正面/外面	tʷatʰər反面/里面
tʷant中间	pətik正面	tə:r上	tʷar下
xoro顶部	kɑ:t外面	tʰop tʷant正中间	

方位词后可以根据语法功能添加不同的黏附成分，如下所示：

tə:r 上面	tə:ri-nət 上面的	tiktəta:往上/向上
tʷar 下面	tʷar-pəit 下面的	tʷairkəta:往下/向里
tʷathər 里面	tʷathər-ni:里面的	tʷathərta:往里/向里
pə:tə 外面	pətə:r 外面的	piktə 往外/向外
tʷannɑ 中间	tʷannir 中间的	tʷannirta:往中间/向中间

"空间关系是人们认知客观事物在空间参照系中的方向、位置、运动状态等能动的必然结果，是人类概念系统中的核心概念，是建立在人对客观事物的观察和认识的基础上。"（普忠良，2015）达斡尔语空间关系的表达不仅限于空间方位词、地名等名词的确立，还可以通过语法形态的变化来体现。语法形态的变化主要体现在达斡尔语的方位后置词上，即位格助词、从格助词、确定方位格、不定方位格、时位助词等（详见郭玲丽2015）。

方位词不能直接带位格标记，可以修饰名词。当方位词修饰限定名词时，不带属格标记，而是在名词之后直接修饰名词，如下面例句当中的"tʃʰomo: tʷathər"（杯子里面）：

tʃʰomo: tʷathər pəi　ini:　　aniˑ laipər.

杯子　里　面　3sg:GEN 很 脏

方位词还可以带焦点标记，例如下句当中的"əməl-ni:"。方位后置词"pəi"还可以同时带位格标记和焦点标记，例如：

kər-i:　xʷainnə　pəi-t-ni:　aul, əməl-ni:　thal katʃir.

房子-GEN 后面　面-LOC-FOC 山 前面-FOC 平地 地方

房子的背面是山，前面是平原。

在有些句子中，方位词可以作为系词的话题直接出现在句首位置，如例句：

pə:t matən kʰwithun, tʷathər aniˑ tula:n.

外面 很 冷　里面　很 暖和

外面很冷，里面很暖和。

达斡尔语中空间位移的形态变化是通过添加不同的从格后缀"rə:""rini:"、确定方位格"kʰa:kʰi:""kʰəkʰi:"、不定方位格"a:thən""əthə:n"等和时位助词"pəi""tʃuru"来明确表明方位的指向性。从格助词"rə:"附在方位词后表示谓语动词发出动作的指向、来源，例如下表及例句：

表4—3　　　　　　　　　　　　　从格助词"rə:"

从这	ənnə-əre:	从那	tʰər-ə:rə
从里面	tʷatʰər-ərə	从外面	pət-ə:rə
从上面	tər-ə:rə	从下面	tʷarɑ-rə:
从前面	əməl-ə:rə	从后面	xʷainɑ-rə:

əni:　　　　　kutʃʰi:-rə:　　pəlie-sən.

这个：FOC　朋友-ABL　　抢-PFV

这是从朋友那里抢的。

第五节　时间名词

"时间名词是指时间的各种各样的形式，或者指相对于目前的时间点。"（黄成龙，2007）达斡尔语中的时间名词较为完整，具备表示基本时间概念的词，下面两个表是时间名词的一些示例：

表4—4　　　　　　　　　　　　时间名词1

春天	xɑur ərin	夏天	naitʃir ərin	秋天	namər ərin
冬天	ukul ərin	年	xo:n	月	sar
白天/日子	utur	时间	ərin	大前天	kʰətʃʰə:-ə:ti
前天	kʰətʃʰik	昨天	utiʃ	今天	ənə utur
明天	puni	后天	tʃʰa:tʃ	大后天	tʰu: tʃʰa:tʃ
大大后天	tʰutʰu tʃʰa:tʃ	明后天	puni tʃʰa:tʃ	上个月	ətʰə: sar
大上个月	ətʰə tər sar	下个月	take: sar	前年	ortʃkxo:n
去年	nitanj	今年	ən xo:n	明年	nukʷə:n xo:n
后年	tu:nukʷə:n xo:n				

表4—5　　　　　　　　　　　　时间名词2

以前	orto:n	之前	əni orto:n	此时	ənə ərin
以后/之后	xʷainɑ:r	然后	take:partʃi	那时	tʰər ərin
早早	ər tə:s/xətʃət r	这个点儿	ənə ərin	这会儿	ənə kʰəkʰən

续表

以前	orto:n	之前	əni orto:n	此时	ənə ərin
早点儿	ərt kʰəli:	那个点儿	tʰər ərin	那会儿	tʰər kʰəkʰən
一会儿	kʰʰu:r	这段时间	ən tʃikʰie ərin	那段时间	tʰər tʃirkʰe ərin
任何时候	xətʃə:tʃʰ	任何时候	iamər-tʃʰi nəkʰ əri:nə		
从此以后	ənə xʷainar	从此之后	əni ərin-ni: xʷainar		

时间名词可以修饰名词短语中的中心词，当它修饰名词时，位于名词之前。时间名词在句中还可以修饰谓语动词，通常做状语，可以处于句首、句中、句尾，如例句：

pɑ:　　　　 tolo: ərinnə　 xoril-tʃʰi.（修饰谓语动词）

1pl：EXCL 七　 时间　 集合-趋向体

我们七点钟集合。

utiʃi-ni:　　 tʰənkərə matən　 ki:lpan　 ɑ:-sən.（修饰名词）

前天-FOC 天气　 非常　 晴朗　 在-PFV

前天的天气特别晴朗。

此外，位格标记"t"除了可以黏附在表示地点、方位的名词后之外，还可以黏附在时间名词之后，表示"在……时候"，例如：

ʃintʃʰi i:-t	在周一	ane: sar-t	在一月
pannə ərtə-t	在早上	ore: kʰo: -t	在晚上
utur-t	在每天	xaurə-t	在春天
utur əməl-t	在上午	utur tʷannə-t	在中午
utur xʷainar-t	在下午	lonri:-t əri:nə	在傍晚

第六节　拟声词

达斡尔语的拟声词形态同汉语类似，均采用重叠形式来加强表达效果，一般形式为AA式。这类拟声词通常是双音节词，主要类型有模仿大自然及模仿物体运动发出的声音，例如：

pʰiar-pʰiar 啪啪　 kʰʰʷr-kʰar 呼哧　 ʃur ʃup-ʃur　　　 嗖嗖

kʰar-kʰar 咔咔　 tʃʰər-tʃʰəl 阵阵　 pʰiakʰ-pʰiakʰ　　 吃东西声

| kʰru-kʰar | 呼呼 | kʰar-kʰar | 咔咔 | kʰa-tʃʰara kʰa-tʃʰara | 咔哧 |
| ton-ton | 咚咚 | kʰor-kʰor | 呼噜 | xʷar-xʷar | 哗哗 |

另外，还有一些拟声词是模仿动物的叫声、人唤动物的声音等，例如：

mur	牛叫声	mʲar	狼叫	kotʃʰ	狗叫声
inli:	马叫声	tʃja-tʃja	赶马声	tʃəku-tʃəku	模拟鹧鸪
mo:-mo:	唤狗的声音	tʃune-tʃune	唤鹰的声音	lo:-lo:	唤猪吃食

tʃuru: pʰitʃʰja 狍子/鹿仔叫声　təki: taulə/autə 鸟叫声

拟声词通常位于句首或者句中，在动词前修饰动词，例如：

ton-ton　əut-i:　　tʰarkʰir-pəi.
咚咚地　门-ACC　敲-PRES
咚咚敲门呢。

ka:t-i:　　əus　kʰarkʰar　xʷa:-sən.
外面-GEN　草　咔咔声　　干-PFV
外面的草干透了。

ka:-t　kʰru-kʰar/ tʃʰər-tʃʰəl　xəin　xəis-pəi.
外面　呼呼地/一阵阵　　　　风　刮-PRES
外面在呼呼地/一阵阵地刮风。

第七节　存在类动词

"存在领有结构是对空间系统内事物状态的描写，包括存在句和领有句。存在领有结构的表现方式主要是通过存在动词来完成的。存在句是表示空间方位存在、出现或消失某事物的句子。"（周国炎，2012）达斡尔语中的存在句也是通过存在动词来体现的。存在句的结构可以归纳为：N/NP+N+V，即存在空间（表示空间方位名词或者名词短语）+存在事物（与动词相关的事物名词或名词短语）+存在动词（表示事物存在方式的动词）。此外，如果句中若有指示代词，例如：在那里，指示代词"那里"后就无须再加位格标记"t"，而只用指示代词来表示。存在领有结构的表现方式主要通过存在动词来完成。

一 存在动词 "pəi"

最为典型的存在动词是 "pəi"，意为"存在""拥有"，例如：

nəkʰ tʃaus tʰuwa: tʷatʰər pəi.

一个   鱼   锅   里面   在

一条鱼在锅里。

nəkʰ atəu tʰule: ənnə pəi.

一个   堆   柴火   这里   在

这有一堆柴火。

kər-i: tʷatʰər nəkʰ tarkunna: pəi.

屋子-GEN   里面   一个   麻雀   有

屋子里有只麻雀。

二 存在动词 "ɑ:"

存在动词 "ɑ:"（居住/存在），其原始意义为"居住"，后引申为
"在"。特指人在某地居住或停留一段时间，见以下例句：

ʃi: xɑ:na ɑ:-tʃɑ:pəi   ʃi:?

2sg 哪里 在-PROG 2sg

你在哪里？

mini: tʰaitʰi: mini: pəitʃin pas ɑ:-sən.

1pl：GEN 奶奶 1pl：GEN   北京   也   在-PFV

我的奶奶也在北京待过。

存在动词 "ɑ:" 只能用于过去时和进行时。它的完成体是在其后附
加完成体标记 "sən"。如果句中同时出现另外一个动词要加副动词标记
"tʃi"，如下面例句：

tʰənkərə təːrə nəkʰ   ʃokʷ tərt-tʃi   ɑ:-sən.

天   上   一个   鹰   飞-CVB   在-PFV

刚才有只老鹰在天上飞。

katʃir   təːrə nəkʰ mokʷ jau-tʃi   ɑ:-sən.

地   上   一个   蛇   走-CVB   在-PFV

刚才地上有条蛇在爬。

在未指明事件发生具体时间的情况下，在时间长度上通常是指刚发生过的事情，如上述例句，而有些句子中则标明了具体时间，例如下句当中的"前天"：

k^hətʃ^hik i:n ənnə luriki-tʃi ɑ:-sən.

前天   3sg 这里   跳舞-CVB   在-PFV

前天他还在这跳舞。

存在动词"ɑ:"的进行体形式是在其后附加进行体标记"tʃɑ:pəi"，如例句：

mini: ɑtʃ^hɑ: mini: kər-t   ɑ:-tʃɑ:pəi.

1sg:GEN 爸爸 1sg:GEN   家-LOC   在-PROG

我的爸爸在家里呢。

三 领有关系

"领有是与人类生活息息相关的概念，表示领有者和领有物之间的关系，领有与处所和存在相比更为抽象，领有概念一般由领有句表达，领有句由动词、领有者和领有物构成。"（孙文访，2015）达斡尔语中没有专门的词来表示领有关系，只用名词附加成分"t^hi:"和存在领有动词"pəi"来表示拥有。"常见的领有关系包括物权、亲属、器官、抽象等领有关系。"（孙文访，2015）达斡尔语的领有结构有两种表达方式，即一种是在名词（被领有者）后加黏附成分"t^hi:"，如下所示：

mot-i: tə:rə təki: xorə-t^hi:.

树-GEN   上   鸟 窝-有

树上有鸟窝。

t^hər ɑiti: i:k tʃuru-t^hi: xu:.

3sg 非常 大 胆量-有 人

他是一个非常有胆量的人。

此外，另外一种表示领有的是在被领有者后加"pəi"（有）。领有者出现在句首位置，其次是被领有者，如例句：

mot-iː təːrə təkiː pəi.

树-GEN 上 鸟 有

树上有鸟。

ɑul təːrə xər-iː kurəs pəi.

山 上 野外-GEN 野兽 有

山上有野兽。

四 存在句的否定形式

"存在"的否定形式即是"不存在"。达斡尔语中没有特殊的否定标记，而存在句的否定形式是在句尾位置上加上否定词"uwəi"，例如：

tʰuwɑː-t pɑtɑː uwəi.

锅-LOC 饭 没有

锅里没有饭。

tʰər motʃʰi-t ɑː-sən uwəi.

3sg 莫旗-LOC 住-PFV 没有

他没在莫旗住过。

五 其他存在动词

此外，还有一些不及物动词可以用来表示某种存在的状态。其他表示存在状态类的动词有："躺着""涂着""站着"等不及物动词，例如：

xʷar təːrə nəkʰ nokʷ kʰərtʰi-jɑːpəi.

炕 上 一个 狗 躺-PROG

炕上躺着一只小狗。

tʃʰatʃʰukʰʷ tʰikəː saikʰən ilənɑː poto-tʰən.

瓷器 上 好看 花 涂-PɑSS

瓷器上有漂亮的花纹。

kʲɑː təːrə xoir tʃʰʷɑːk pai-tʃɑːpəi.

街 上 两个 士兵 站-PROG

街上站着两个士兵。

第八节 形容词

形容词的作用是表示事物的性质或状态，它在句子中的功能通常是做修饰性的定语。达斡尔语中的形容词性质接近于动词，属于谓词型。形容词主要分为两种类型，即性质形容词和状态形容词两大类。性质形容词是形容词的基本形式，描述事物的性质和状态，例如：lakʰa "矮的"、kʰatʰən "硬的"、kʰautʃʰin "旧的"、ʃinkʰən "新的"、nairjn "细的"等。状态形容词是在性质形容词词根的基础上派生而成，具有鲜明的修辞色彩。状态形容词包括以下两种类型：

（1）形容词的完全重叠形式和不完全重叠形式，例如：

xunnur xunnur "高高的"（完全重叠）；ʃinəs ʃinə "大大的"（不完全重叠）；

（2）在形容词后附"kʰon"（或"kʰən"/"ən"）"rpin"（或"lpin"）"tʃʰir""kʰaːli"（或"kʰəːli"）多种附加成分。达斡尔语的形容词以多音节为主，单音节较少。其有多种形式可以表示某种状态的加强或减弱，主要采取重叠和添加附加成分两种手段。

达斡尔语形容词比较级的形式是在其后附上"kʰən""ən"等标记，例如：

tʃəul 软的　　tʃəul-kʰən比较软的
ninnə薄的　　ninnə-kʰən比较薄的
nois湿的　　nois-ən比较湿的
matənl破的　　matənl-ən比较破的

还有一种形式的比较级表示相对减少或者减弱，如在颜色词后面加上"pin"或者"rpin"，表示颜色的变浅，例如：

ʃaːr纯黄——ʃaːrpin淡黄；tʃʰikaːn纯白——tʃʰikaːnrpin淡白。

此外，还有一些合成词可以用来做形容词，例如：

tʃʰiːkʰə　kʰonnoː耳聋的　　amʲ　kʰatʰən嘴硬的
耳　　聋的　　　　　　嘴　硬

putuːn ʃimunə粗糙的　　narin ʃimunə精致的
粗糙　制作　　　　　细致　制作

另外一种形式是在形容词后面加"-tʃʰir""-tʃʰirt"，例如：

tʃusun-tʃʰir   tʃiusə-ni: tullʷ.

酸点-COMPR 橘子-FOC 买

买酸点的橘子。

表4—11   形容词的附加成分

xalon-tʃʰir略热	kʰwitʰon-tʃʰir略冷	kənson-tʃʰir略冰	xar-tʃʰir略严重	sain tʃʰir好一点
wairkʰən-tʃʰir略近	xoli:-tʃʰir略远	tʃəulən-tʃʰir略软	xar-tʃʰir略黑	ninnə-tʃʰirt更薄
nairjin-tʃʰir略细	puton-tʃʰir略粗	tʃusun-tʃʰir略酸	tason-tʃʰir略甜	tʃutʃaːn tʃʰirt更厚

形容词加强语义的方式是在其基础之上进行复制，在第一个音节后加入"p"，再进行复制，表示语义的增强。武·呼格吉勒图也（1996）指出："达斡尔语形容词加强语义的方法同蒙古语一样，均是截取形容词词干词首音节之前面部分（V-或CV-），然后加上一个唇辅音-b，构成一个临时语素，放在该形容词的前面。"例如：

ʃolo傻的→ʃop ʃolo傻傻的   lakʰa矮的→lap lakʰa矮矮的

tasun甜的→tap tasun甜甜的   tʰarkun胖的→tʰap tʰarkun胖胖的

xaluːn热的→xap xaluːn热热的   xətʃəː瘦的→xəp xətʃʰən瘦瘦的

tʃəulən软的→tʃəup tʃəulən软软的   kʰatʰən硬的→kʰap kʰatʰən硬硬的

kʰeliə穷的→kʰep kʰeliə穷穷的   kʷaitan慢的→kʷaip kʷaitan慢慢的

第九节　副词

我们把副词定义为只能充任状语的虚词。副词通常用在主语后面，一般在谓语动词前，修饰谓语动词。副词可以表示时间、行为方式、范围、疑问、程度等，具体以时间副词和程度副词这两大类为例：

一　表示时间范畴的副词

表示时间的副词数量较多，例如：kəntʰənən忽然、ətʰəkʰwtʰiː刚刚/一会儿、tarniː经常、maʃiːn马上、xəwəːtʰər以后等，例句如下：

iːn   maʃiːn   kʰur-pəi.

3sg   马上   到-FUT

他马上到了。

iːn   ətʰəkʰʷtʰiː   kʰutʃʰi-sən.

3sg刚刚到-PFV

他刚刚到了。

ʃiː   kəntʰənən joːnta: xaitʃir-sən ʃiː?

2sg 突然   为什么 回来-PFV 2sg

你怎么突然回来了？

iːn   pɑrniː   ənə   iːr-pəi.

3sg   经常   这里   来-PRES

他经常来这里。

ətəlʲ   ʃamiː   ərt-tʃʰi-pəi.

一会儿 2sg:ACC   找-趋向体-FUT

一会去找你。

xətʃənər   ini: xaitʃir-sən   əliː sons-sən məi.

早早   3sg：ACC 回来-PFV   说 听说-PFV 1sg

老早就听说他回来了。

二   表示行为方式和范围的副词

用在动词前面表示行为方式和范围的副词主要有：takeː还是、kup都、pas又等，例如：

iːn   takeː   iːr-sən.

3sg   还是   来-PFV

他还是来了。

iːn   pɑs itʃʰi-sən.

1sg   又   去-PFV

我又去了。

三　程度副词

程度副词一般用于形容词前，例如：matən"非常"、əli"更"、ɑituk^w"很"等。程度副词通常出现在静态谓语动词之前。下面是程度副词修饰静态谓语动词的一些短语及例句：

əli ət^honon更壮　　　　　　an^j xol很远

更 壮　　　　　　　　　　很 远

ɑituk^w mo: 很坏　　　　　matən k^wɑitɑːn非常慢

很　坏　　　　　　　　非常 慢

ʃipʃip/ ʃəpʃəp t^hɑrk^h. 狠狠地打

狠狠地　　　　打

t^hər əliː ət^honon. 那个更大。

那个更大

ənə wɑrk^həl ək^hən sɑin. 这个是最好的衣服。

这个 衣服　　最　好

təpəːnwəi pɑrɑn xuː ir-sən. 来的人特别多。

非常　　多　　人　来-PFV

副词的位置不是固定的，并非全部位于动词之前，有时也可以位于动词后，例如下面例句中的时间副词xəwət^hər在谓语动词"下"之后，表示某段时间以后：

x^wɑr wɑrwo xəwət^hər, piː itʃ^hi wəi.

雨 下　　以后　　1sg 去 1sg

下完雨以后，我就去。

有些副词不仅可以出现在谓语之前，还可以出现在句首位置。一般而言，时间副词可以移位，可位于句首或句中，例如：

piː utiʃ tull^w-tʃ^hi-sən　　nuwɑː miniː.

1sg 昨天　买-趋向体-PFV 菜 1sg：GEN

我昨天去买的菜。

utiʃi　piː nuwɑː tull^w-tʃ^hi-sən　　məi.

昨天　1sg 菜　买-趋向体-PFV 1sg

昨天我去买的菜。

然而，绝大多数的副词不可以自由移动，如方式副词、程度副词等。因为方式副词、程度副词与所修饰的谓语部分联系最为密切，而不是和整个句子产生联系，例如：

i:n　kənt^hək^hən wɑnnən.

3sg 突然　　摔倒

他突然就摔倒了。

i:n mukʰʷlʲɑn tʰɑrkʰʷo-ni: sonsu-ut　aituk^w sɑin.

3sg 木库莲　弹奏-FOC 听-NMZ　非常　好

他弹木库莲弹得真好听。

程度副词可以修饰形容词、情感动词，例如：

ətə　kui-ut　　mɑtən k^waitɑ:n.

3pl 跑-NMZ 非常　　慢

他们跑得非常慢。

ənə　tʃʰɑtʃukʰʷ, pi: mɑtən t^wɑllə wəi.

这个　碗，　　1sg 非常　喜欢 1sg

我非常喜欢这个碗。

程度副词ək^hən "最"用在它所修饰的静态动词之前，表示最高级，例如：

i:n　kui-ut　ək^hən xortun.

3sg 跑-NMZ 最　　快

他是跑得最快的。

ətə　mɑni:　　　　　t^watʰər jɑu-ut ək^hən k^waitɑ:n-nini:.

3pl 1pl：EXCL：GEN 里面 走-NMZ 最　　慢-FOC

他们是我们这些人当中走得最慢的。

第五章　名词形态

第一节　格形态

通常来说，"格"是用来识别句子中词与词之间的句法关系。"格是标引名词与其后面的动词之间各种语法语义关系的附加成分，是连接名词和动词的纽带，也是句子表达各种语义的重要形态成分，所以也把格看作是外部形态成分。"（陈新义，2011）达斡尔语的格标记系统性不强，有时出现，有时则不出现，例如其中的施事格并非强制出现。

一　工具格

"工具格表示动词确定的动作或状态所涉及的无生命的力量或客体。"（张松炎，2009）达斡尔语的工具格标记是"rə:"或是"iərə:"，附在某种工具后，表示使用的材料、器皿、工具等，如例句：

moto-rə:　　　　xu:-i:　tʰarkʰə-pəi.（工具）

棍子-INSTR 人-ACC　打-PRES

用棍子打人。

pa:　əusə-rə:　　kalʲ nənʲnə-pəi.（材料）

1pl　柴-INSTR　火　点-PRES

我们用柴火烧火。

karʲ-rə:　　　　əus-i:　tʰartʰə.（身体部位）

手-INSTR 草-ACC　拔

用手拔草。

pi:　　tʃʰomo:-iərə:　os　wo　wəi.（器皿）
1sg　杯子-INSTR　水　喝　1sg
我用杯子喝水。

二　与位格

"与位格表示给予的对象、时间关系、地点关系。"（仲素纯，1982）达斡尔语中的与位格标记为"t"，有三个重要功能，即：1.指示物体位置；2.表示时间关系；3.指明给予的对象，而表示给予的语义时大部分由人称代词的格形式来体现，如以下例句：

ʃini:　　　　anla:-t　pu:　tʃusun nuwa: tʰə:.（位置关系）
1sg：GEN 坛子-LOC 不要　酸的　菜　装
你的坛子里别装酸菜。

ətə:　kontʰʷu:kʷ sɑr-t　　tʰeljʲ-pəi.（时间关系）
现在　半个　　月-LOC　放-PRES
还有半个月就放假了。

əwə:　mi:ni　　　　namət pɑ:tɑ: ʃannikʰ-sən.（给予对象）
妈妈　1sg：GEN　1sg-DAT　饭　做-PFV
妈妈给我做饭了。

三　共同格

"共同格表示事物具备某种属性，附加某些特点或关系，以及共同进行某一动作或行为。"（仲素纯，1982）达斡尔语中的共同格黏附成分为"tʰi:"，表示和某人共同进行某一活动，例如：

ʃi:　　ini:-tʰi:　jɑu-wə:.
2sg　3sg-COM　走-PRT
你跟着她走。

ʃini:　　　sɑnɑ:　ʃini:　　tʰər-tʰi:　ɑtiljʲ piʃin.
2sg：GEN 意见 2sg：GEN 3sg-COM　一样 不是
你的意见和他不同。

tʰər-olʷ-tʰiː,　kʲaːn　puː　ailaː.

3sg-PL-COM　道理　不要　说教

和他们不用讲道理。

四　属宾格

"属宾格是指出事物的特征，限定事物的性质，表示事物的领属关系以及动作所支配的客体。"（仲素纯，1982）达斡尔语属宾格的语法标记为"iː"，例如：

əkʰəː-iː　pitʰik　kənə-tʰən.

姐姐-GEN　书　　丢-PaSS

姐姐的书丢了。

ənə　kər-iː　　olorʷ　wəilʲ-tʃʰi-sən.

这个 家-GEN PL　活-趋向体-PFV

这家人干活去了。

ənə　pitʰək-iː　tʰatʰukʰʷ-iː　tʷatʰər　tʰelʲ-tʃʰiː!

这个 书-ACC　抽屉-ACC　里面　放下-趋向体

把这本书放在抽屉里面。

五　施事格

"施事格标记动作的发动者（initjator）或致使者（causer）"。（黄成龙，2007）在达斡尔语中当非施事者出现在句首位置做话题时，真正的施事者是由与格"t"来标记。"t"在被动句中标记施事者，但在主动句中却不标记施事"t"，如例句：

iːn　morʲ-t　　pʰəʃkləːr-tʰən.（被动句）

3sg 马-AGT　踢-PaSS　　　j

他被马踢了。

ənə　kʰʷəkʰ　atʃʰaː-t　　tʰeper-tʰən.（被动句）

这个　男孩　爸爸-AGT　打-PaSS

这个男孩被爸爸打了。

aʧʰɑ: ənə kʰʷəkʰ-i: tʰɑper-sən.（主动句）

爸爸 这个 男孩-ACC 打-PFV

爸爸打了这个男孩。

六　从格

从格，也有学者称之为夺格。"从格表示方位和时间论元作为命题动作所进行的源点或参照点方向。"（黄成龙，2007）达斡尔语的从格标记为"rə:"或者"jərə:"，例如：ʃama-rə: 从你那里、aila-rə:从村子里、tʰərə-rə:从他、kʲa-iərə:从街里 xu:-jərə:从别人身上等，如例句：

əni: kuʧʰi:-rə: pəle:-sən.

这个：FOC 朋友-ABL 抢-PFV

这是从朋友那里抢的。

tʰaitʰi-iərə: aʧʰir-sən nuwɑ:.

奶奶-ABL 取-PFV 菜

从奶奶家拿的菜。

pi: əkʰə:-iərə: ənə altər-i: sʷons-tʰən məi.

1sg 姐姐-ABL 这个 消息-ACC 听说-PFV 1sg

我从姐姐那听说这个消息的。

命题动作所进行的源点或参照点方向若为人称代词时，可直接体现其从格形式，例如：

jɑmɑr altər sʷonso-sən.

3sg：ABL 消息 听说-PFV

从他那里得到的消息。

第二节　名词的数

一　名词的复数

达斡尔语中的名词复数形式，主要有以下几种：lorʷ、sulʷ、norʷ、

atəu、meni、rə等，它们的语法功能差异不大，例如：

sarte: xu:老人	sarte: -olorʷ老人们	tʃalo: xu:青年	tʃalo:-olorʷ青年们
əmkun xu:妇女	əmkun -olorʷ妇女们	kəri: xu:家人	kəri: xu:-olorʷ家人们
səp老师	səp-sul老师们	utʃʰikʰər孩子	utʃʰikʰər-sul孩子们
kutʃʰ朋友	kutʃʰ-sul朋友们	təu弟弟	təu-nər弟弟们
ujin təu妹妹	ui: təu-nər妹妹们	əkʰə:姐姐	əkʰə:-nər姐姐们
tʰursun 亲戚	tʰursun –nər亲戚们	kʰwəkʰ男孩	kʰwəkʰ-ər男孩们
tʰaʃkʰwutʃʰikʰə学生	tʰaʃkʰwutʃʰikʰə-r学生们	uən女孩	ujin-ər女孩们

此外，表达一群野外成群的牲畜用"atus"，例如：morʲ atus马群；一群家禽用"meni"，例如：menʲ jaja: 一群鸭子。

二　名词的特殊类指形式

"类指"范畴是蒙古语族乃至阿尔泰语系中普遍存在的语法现象。"类指"是指用一种特殊的语言形式指称或概括某些彼此类似、接近或在某些方面具有共同特点的事物。丁石庆（1991）总结了达斡尔语类指范畴的形式与特点，他认为："以'ma'为特征的语言形式是特殊的语法附加成分，具有表达'诸如此类'的语法意义，在言语交际过程中具有生动、诙谐的修辞功能。"

这种特殊的类指形式的特点是：由两个部分组成，第一部分是名词本身，后面紧跟一个以"ma"为首相似的词，第二部分的结构前半部分是以"ma"开头，后半部分是对前一个词的第二个辅音开始进行的复制，例如：tʰarkun肥胖的→tʰarkun markun肥胖的一类人。此外，受元音和谐律的影响，还有个别一些词是以"me"为首进行的复制形式，具体示例如下：

tʰaulʲ maulʲ	兔子什么的	kakə makə	猪什么的
tʰəmə mamə	骆驼什么的	kʰakʰra: makʰra:	鸡什么的
nokʷ makʷ	狗什么的	mokʷ makʷ	蛇什么的
tʃur mar	狍子什么的	kalʲ malʲ	火什么的
os mos	水什么的	xʷar mar	炕什么的

以"ma"为首的类指现象不仅适用于普通名词，也可以体现在形容词上，同名词特殊类指现象一致，例如：kʰelir melir穷、utʃʰikʰər matʃʰikʰər小孩、ʃartʰw matʰw矫健、maron ʃarkon灵活等。特殊的类指现象在句子中的使用情况如例句：

tʰarkun-markun   nər，utʃʰikʰər-i: pu: kuitʃi-lə:.

肥壮   PL 小孩-ACC 不要 追赶-CAUS

不要以你的身手去追赶小孩。

tʰər   olorʷ kʰelir-melir   intʃʰi uwəi.

那个 PL   穷   什么 没有

那个地方穷，什么也没有。

第六章　动词形态

第一节　句式

动词表示动作或者行为的发生。下面分别介绍达斡尔语动词的式、体、态等内容。"式"是动词的一个语法范畴，表示话语所描写的说话人对事件状态的主观态度（Bussmann，1996）。根据形态句法的特点，达斡尔语中的"式"可分为：陈述式、命令式、疑问式、感叹式、禁止式、邀约式、许可式等。

一　陈述式

陈述式是指典型陈述表达的动词的形式或句子类型（Crystal，David 1997）。"陈述句根据句子的性质分为叙述性的和判断性的。用陈述式的动词做谓语时称陈述句，用静词或带有助动词成分做谓语时称为判断句。"（王庆丰，2005）达斡尔语的陈述句示例如下：

pi: ənə xoːn talən tʰau-tʰiː pəi.

1sg 这个 年 七十 五 有

我今年75岁了。

nəkʰ xoːn xaur naitʃir namər ukul turpʷ ərin.

一个 年 春天 夏天 秋天 冬天 四个 季节

一年有春夏秋冬四个季节。

在陈述句中加否定词时构成否定陈述句，不加否定词时为肯定陈述句（王庆丰，2005）。达斡尔语的否定句也需加入否定词，例如：

pi: tankə　wo-tʃi　ul ʃatən.

1sg 烟　　吸-CVB　不　会

我不会吸烟。

pɑ: tʃʰankəl　uwəi pɑ:.

1PL 累　　　　不　1PL

我们不累。

在通常情况下，在达斡尔语中的陈述式是用动词的不同时态（现在—将来时、现在进行时、过去时和过去进行时）来表达的。"时是以说话时为基准的句子所表事件、命题所在的时间位置，例如现在、过去和将来之分。"（刘丹青，2008）达斡尔语中的时态如下所示：

1.现在—将来时

一般现在时是在动词后加标记"pəi"，构成谓语，表示通常性、规律性、习惯性的状态或者动作发生（有时间规律发生的事件）的一种时间状态。既可以表示现在时，也可以表示将来时。需要根据具体上下文语境来区分其语义，所以被称为"现在—将来时"，例如：

tɑur　　　xu: pɑinatʃʰɑ: kinul-pəi .（一般现在时）

达斡尔 人　　山神　　信奉-PRES

达斡尔人信奉山神。

tʰənt　kər-t　　lautʃi　xu: i:r-pəi.（一般现在时）

3pl 家-LOC　总是　　人 来-PRES

他们家里经常来人。

pi:　utur taip wəil-tʃi　tʃʰankəl-pəi xuns-pəi　pi:.（一般现在时）

1sg 白天　又 干活-CVB　累-PRES　饿-PRES　1sg

我干了一天的活，又累又饿。

ʃi:　xətʰənnɑ: wərə sɑnɑ-tʃi　tʃɑu-pəi　ʃi:?（一般将来时）

2sg 如何　自己 心思-CVB 掩饰-PRES 2sg

你如何去掩饰你的心情？

一般将来时是在动词后面加上"pəi"或者"wəi"（第一人称）表示动作即将发生，例如：

pi:　　　tʰənkʰə-t　　　itʃʰi-wəi.（一般将来时）

1sg　腾克-LOC　去-PROS

我要去腾克。

i:n　　ʃami:　　　utʃi-pəi.（一般将来时）

3sg　2sg: ACC　看望-PROS

他将要去看望你。

　2.一般过去时

　　一般过去时是在动词后加上黏附成分"sən"而构成的谓语结构，表示该动作已经发生过，例如：

tʰənkər xɑlu:n　　əukʰə-sən.

天　　　热　　　胀-PFV

天气热起来了。

kʰuilʲ-ni:　xʷə:tʃ　əukʰə-sən.

腿-FOC　肿　　胀- PFV

脚肿了。

utiʃ jamənnar kalʲ kʰitʃʰəu səli-pəi　　　tʃɑ:-sən.

昨天　政府　火　通知　接到-PRES　告诉-PFV

昨天接到政府关于防火的通知。

　3.现在进行时

　　达斡尔语的现在进行时表示动作正在持续进行中，其附加成分为"tʃɑ:pəi"或"jɑ:pəi"，例如：

utʃʰikʰə-r　kui-tʃɑ:pəi.

小孩-PL　　跑-PCT

小孩子们正跑着呢。

ʃi: jamar nuwɑ: xʷɑ-lənɑ:-tʃɑ:pəi ʃi:?

2sg 什么　菜　晒-CAUS-PCT　2sg

你晒的是什么菜？

kər-i:　　　əut-i:　　onllo:nə xoir kʷɑrpə jajɑ: ɑ:-tʃɑ:pəi.

家-GEN 门口-GEN　旁边　两　三　　鸭子　在-PCT

家门口现在有两三只鸭子。

此外，第一人称单数还有专门的现在进行时的特殊形式"ʧaːwəi"，例如：

pɑː　　　　　xoː　iːk　watʰə-ʧi　kʰwiʧʰə-ʧɑː wəi.

1pl：EXCL 都　大　交集-CVB　等-PROG 1sg

我们都在焦急地等待结果。

pi：　pɑs pəiʧin itʃʰi-ni：　nəkʰ　pʰənʧʰi　ɑ:-ʧɑ: wəi.

1sg　又　北京　去-FOC　一个　阶段　在-PCT 1sg

我还要在北京待一段时间。

在口语中会出现把现在进行时的附加成分"ʧaːpəi"省略为"ʧaːp"或者"ʧaː"的情况，其中"ʧaː"通常限于第一人称，例如：

pɑː　　　　　alkʰw-ʧɑː　　wɑː.

1pl：EXCL 迈步-PCT　1pl：EXCL

我们正在走着（迈步）。

pɑː　　　　　it-ʧɑː　　wɑː.

1pl：EXCL　吃-PCT 1pl：EXCL

我们正吃呢。

4.过去进行时

过去进行时表示过去的时间正在进行的动作，黏附成分是"ʧaːsən"，例如：

ətukʰw　pɑtɑː　iːt-ʧɑːsən.

刚才　饭　　吃-PCT

刚才在吃饭。

iːn　ətukʰw wantʰə-ʧɑːsən.

3sg　刚才　睡觉-PCT

他刚才在睡觉。

iːn　utiʃ　ənə　ɑː-ʧɑːsən.

3sg　昨天　这里　在-PCT

他昨天在这里。

ətə　taʧʰi lupw ənə　ir-ʧɑːsən.

3pl 以前　总　这个　来- PCT

他们以前总来这。

二　命令式

命令式表示听话者被命令去执行某个事件或者动作。达斡尔语的命令式按照不同人称分为第一人称命令式、第二人称命令式、第三人称命令式。

1.第一人称命令式

第一人称命令式没有单复数和排除式、包括式的区别，结尾语气词通常用"jɑː"或者"tʰalʲ"，例如：

əni:　　　　　metal-nɑː-jɑː.

3sg：ACC　杀-CAUS-IMP

（咱们/我们）杀害他啊。

əni:　　　　　amⁱ-ni:　　karka-jɑː.

3sg：ACC　性命-FOC　救-IMP

（咱们/我们）救他呀。

ənəpaitʰ-i:　　wərə-i:　　əʃkʰəmnə tʰalʲ.

这个 事情-ACC 自己：GEN 选择　吧

这事我自己选择吧！

2.第二人称命令式

针对第二人称的命令式语句最为常见，是在动词后添加表示使动的专属标记"rɑː""ləːr"，语气相对来说较为强硬，例如：

tʰər pəi tusəiə natʃʰi-rɑː.

那　面　墙　倚着-CAUS

靠着那面墙吧！

xortun jamət　　əmə iːt-ləːr!

快点　3sg：ACC　药　吃-CAUS

快给他吃药！

命令式第二人称的附加成分为"tʰʷoː"。命令式话题通常是针对第二人称，在语境中有些可以不突出显示，而是隐含在其中，如例句：

tʰɑː tʰatʃʰəklɑː-tʰʷoː!

2pl 跪下-IMP

你们跪吧！

tʰɑ: ətə:len ir-tʰʷo:.

2pl   一会   来-IMP

你们过会来！

第二人称命令式还可以通过加强句子末尾的动词语气来表示，例如：

əut-i: nə:!

门-ACC 开

把门打开。

əut-i: koltʃ!

门-ACC 锁

把门锁上。

3.第三人称命令式

第三人称命令式的附加成分为"tʰəkai"，例如：

it-tʰəkai!

让他吃吧！

ɑ:tʃʰɑ:-tʰəkʰai!

在他在那待着吧！

三　疑问式

1.一般疑问句

一般疑问句中如果以人称代词开头，通常也会以人称代词结尾。不仅在疑问句中，很多句型都会在句尾以相应的人称代词结尾，例如：

ənə   pitʰək ʃami: ʃi:? （以人称代词结尾）

这个   书   2sg：ACC 2sg

这书是不是你的？

tʰa: paitʰ   uwəi tʰa:? （以人称代词结尾）

2PL 事情   没有 2PL

你们没有事情吧？

疑问句的句调同大部分语言相同，也是升调。还有一种疑问句是在句尾添加如"ja:""ə:"（啊/吧/吗）等语气词表示猜测、询问，均为升调。而以语气词"kʰowo"结尾的疑问句为平调，往往表示猜测，例如：

iːn　pʰantʃʰi-sən kʰowo?　（以语气词结尾）（平调）

3sg　生气-PFV　PRT

他生气了吧？

tʰa:　kʰətʃə-t　　os sur-sən　tʰa:　jə:?　（以语气词结尾）（升调）

2PL　园子-LOC　水 浇-PFV　2PL PRT

你们园子里浇水了吗？

ʃi:　kʲa-t　　itʃʰi-sən ʃi: jə:?　（以语气词结尾）（升调）

2sg　街-LOC　去-PFV　2sg PRT

你上街了吗？

2.疑问词疑问句

在有疑问代词的问句里，英语疑问句中的疑问词会转移到句首的位置，例如："Where are you?"（你在哪？）。汉语的疑问代词出现在原来的位置，例如："你去哪？""我们什么时候回来"等。达斡尔语的疑问代词出现的位置和英语类似却不完全相同，它的位置并不固定，可以居于句首或者句中、句末，例如：

xəntʰa:n itʃʰi-pəi?　（针对人提问）（句首）

谁　　　去-FUT

都谁去？

xəni:　　　nəməs?　（针对领属提问）（位于句首）

谁：GEN　被子

谁的被子？

ʃi: xətʃə:kʰən par-pəi　　ʃi: ?　（针对时间提问）（位于句中）

2sg 何时　　结束-FUT 2sg PRT

你何时才能结束啊？

ʃi: xətʰənna: wərə sana-tʃi tʃau-pəi ʃi:?（针对方式提问）（位于句中）

2sg 如何　　自己 想-CVB 掩饰-PRES 2sg

你如何去掩饰你的心情？

pata: ʃanə:jau xu:　　xəni:?　（针对人提问）（位于句尾）

饭　　做-PROG 人 谁：FOC

谁做的饭？

ʃini:　　　　pə:t　wakʰəlr　xɑːnə-pəi?（针对地点提问）（位于句尾）

2sg：GEN　外面　衣服　哪里-PRES

你的外套在哪？

四　感叹式

感叹式通常由感叹词或者语调来体现。最常见的方式是在句首或者句尾的位置用感叹词来表示。常用的感叹词主要有：ure:、əre:、kʰə:、jɑ:等，例如：

tʰi:mər jɑn-tʰi: jɑ: !

那样　样子　PRT

原来是那样的啊！

ure:! ənə pɑitʰə jɑː!

哦　这个 事情　PRT

哦！是这个事情啊！

əre:! ənə xo:n pɑs sɑin xo:n piʃin xə-sən　kʰə:!

PRT 这个 年　又 好　年　不是 完成-PFV PRT

哎！这年头又不好啊！

五　禁止式

禁止式的谓语只能由表示动作或行为的动词或动词性结构充当。主语通常是第二人称代词"你/你们"，而且祈使句的主语常常省略。禁止式语气词"kʰənə"用于句末，祈使动词后面，表示敦促、提醒、警告的意义。

ʃi:　it kʰə:nə!（表示警告）

2sg 吃　PRT

你吃试试！

nɑmət　　　uk kʰə:nə.（表示敦促）

1sg：DAT 给　PRT

给我点儿！

此外，表达命令式也可以通过其他方式，例如加强语气、添加否定词，分别表示语气的加强或禁止，例如：

　　xʷal katʃʰir-tʃi sɑu!（加强语气）

　　炕　上来-CVB 坐

　　炕上坐！

　　jami: xaitʃir mɑ:!（添加语气词）

　　3sg：ACC 回来　语气

　　让他回来！

　　utʃʰikʰər-i: pu: tʃʰo-tʃʰi.（添加否定词）

　　小孩-ACC 不要 吓唬-趋向体

　　不要吓到孩子。

第二节　体标记

达斡尔语动词的体有反复体、暂短体、完成体、趋向体。

一　反复体

反复体[①]表示某个动作长时间反复地发生。达斡尔语的反复体并非用动词的重叠形式来表示，而是由动词和附加成分"tʃo:"构成，如下所示：

　　tʰər kui-tʃo: xu: utʰkʰai əkʰi:n tⁱanlə:.

　　那个 跑-REP 人 是 　头 光着

　　总是来回跑步的那个人是光头。

　　tʰər warkʰəl wəi-tʃo: xu: utʰkʰai mini: pər notʃo: mini:.

　　那个 衣服 缝-REP 人 是 　1sg：GEN 舅妈 　1sg：GEN

　　总是在缝衣服的那个人是我的舅妈。

――――――――――――

　　①　"反复体"的术语出自恩和巴图《达斡尔语和蒙古语》第383页：反复体表示一种动作的反复来回发生。

二 暂短体

暂短体[1]与反复体相反，指某个事件内动作短暂、瞬时、重复性地发生，其黏附的标记为"laː"，例如：

təsi xortun xatʰəkʰʷ-laː tik-t tʰakʰə-laː.

绳子 快 爬 往上-拽-暂短体

快抓住绳子往上爬。

pi: jak tʲanʃi utʃi-ja wəi, pu: laixui kui-laː.

1sg 正 电视 看-PROG 1sg 不要 来回 跑-暂短体

我正在看电视呢，别总来回跑。

tʰər olʷ-tʰiː kʲanə pu: ai-laː.

3PL PL-COM 道理 不要 说教-暂短体

和他们不要总讲道理。

三 趋向体

达斡尔语的趋向体[2]表示动作行为的指向性，通常含义为趋向于某种动作，在动词后面，附加成分为"tʃʰi"，例如：

xətʃə tʃakʰə au-tʃʰi utaː?

何时 东西 买-趋向体 PRT

啥时候去买东西？

utʃʰikʰə-r ukʰʷ-tʃʰi kukʰəː-pəi.

孩子-PL 给-趋向体 鼓励—PRES

给孩子们鼓励。

iːn amʲsla-tʃi kui-tʃi kui-tʃʰi-sən.

3sg 呼吸-CVB 跑-CVB 跑-趋向体-PFV

他气喘吁吁地跑过来了。

---

① "暂短体"的术语出自恩和巴图《达斡尔语和蒙古语》（第383页）：暂短体同反复体相反，它表示只发生少数次的行为和动作，其意义接近于蒙古语动词暂短体的意义。

② "趋向体"概念出自恩和巴图《达斡尔语和蒙古语》第384页：达斡尔语的趋向体是在动词词干上加由ir或tʃ"去"变来的表示趋向意义的附加成分而成的。它给动词增加了"来做……"或"去做"的体的意义。

第三节　动词的态

达斡尔语动词的态主要分为：主动态、使动态、被动态。主动态没有特定的动词附加形式，而使动态和被动态均有各自的形态标记。

一　主动态

主动态是由动作施事者发出的动作。达斡尔语中的主动态体现在动词后没有特定的黏附成分，表示动作由主体自主发出，例如：

iːn　namiː　　　　　tʃʰo-tʃʰi-sən.
3sg　1sg：ACC　吓-趋向体-PFV
他吓到我了。

pi：　tʰɑːni　　　　utʃi-sən.
1sg　2pl：ACC　看-PFV
我看见了你们。

pi：　jami：　　　kʷarkʰa-tʃi　sənruːn-lənə-sən.
1sg　3sg：ACC　吵-CVB　　醒-CAUS-PFV
我吵醒了他。

二　被动态

被动态主要用于及物动词，及物动词带上被动态后，其主语便不再由施事而由受事充当，同时该动词通常便失去带宾语的能力（刘丹青，2008）。达斡尔语的被动态属人称被动态[①]，没有与主动态一致的时和体。

被动态的表示方式是在动词后黏附被动态标记"tʰən"或者"rt"，表示该动作的被实施。若要指出施事成分，也会单独标记施事"t"。

[①]　凡是受事主语必须出现或可以出现的被动态，就是人称被动态。见刘丹青（2008，第429页）.

"真正的施事者是以与位格形式出现"①，例如：

i:n　　　nokʷ-t　　　nəkʰ　ənkʰʷo-rt　tʰalən.

3sg[P]　狗[A]-DAT　一个　咬-PASS　了

他被狗咬了一口。

pi:　　moto-t　　　talaka-rt　tʰalən　məi.

1sg[P]　木头[A]-DAT　压-PASS　了　1sg

我被木头压到了。

第二种表示被动态的方式是在动词后附"tʰən"，代表动作已经被执行且完成，例如：

xʷɑr-t　　　tɑr-tʰən.

雨[A]-DAT　淋-PɑSS

被雨水淋了。

əkʰə:-i:　　pitʰək　kənə-tʰən.

姐姐-GEN　书[P]　丢-PASS

姐姐的书丢了。

ʃi:　　tʰapir-tʰən　ʃi:?

2sg　打-PASS　2sg

你被揍了么？

动词的动态被动形式表示动作一直被持续，附加成分为"tʃa:pəi"或者"ja:pəi"。处于主语位置的名词并非动作的发出者，而是动作的承受者。原本在主动态中处于宾语位置的受事成分，移动到被动态中句首的主语位置仍然使用其宾格形式"i:"，如例句：

pata:-i:　　ʃannə:-ja:pəi.

饭-ACC　煮-PROG

饭在煮着。

warkʰəl-i:　war-ja:pəi.

衣服-ACC　洗-PROG

衣服在洗着。

自然界的"风""雨""雷""闪电"等天气现象没有确定的施事

---

① 因达斡尔语的与格和位格的形式相同，均为"t"，因此有些学者如恩和巴图称之为与位格。他指出（恩和巴图，1988，第190页）：在被动句中，真正的施事者以与位格形式出现。

者，故不用宾格形式"iː"，没有任何附加成分，如以下例句：

xʷar war-tʃaːpəi.

雨　　下-PROG

雨在下着。

xəːn xəis-tʃaːpəi.

风　　吹-PROG

风在刮着。

三　使动态

使动态表示动作的被执行，包含"使、让"等语义。在不及物动词加上一定的形态手段就能构成使动式，表示"把/让/使……怎样"。动词的使动态通常是在动词后加"lənəː/lənaː"或"laː、ləsəm、naː"等附加成分，例如：itə-lənəː让吃、əri-lənəː让找、jau-lənaː让坐、saiso-lənaː让请安等，相关例句如下：

tʰər xuː-iː tʰalʲ jau-laː-sən.

3sg 人-ACC 放　走-CAUS-PFV

放走了那些人。

jamiː ənnə ir-lənəː.

3sgː ACC 这里 来-CAUS

让他到这来。

iːn tʃʰomoː-ni mata-ləsəm.

3sg 杯子-FOC 打碎-CAUS

他把杯子打碎了。

xəri əmkʰailʲ pʰantʃʰi-la moː?

怎么 这么 生气-CAUS 语气词

怎么会这么生气呢？

第四节　副动词

"副动词是动词的一种非结束形式。达斡尔语的副动词都有特定的附加成分，用来同支配动词或助动词连接，表示一种次要的行为或状态，在句中一般充当状语。"（恩和巴图，1988）达斡尔语中的副动词按照不同的功能分为并列式副动词、完成式副动词、假定式副动词、让步式副动词。

一　并列式副动词

并列式副动词表示两个动作发生的时间是同时或者先后发生，构成一个并列结构，在副动词后用标记"tʃi"，如例句：

pi:　　sɑu-tʃi　pitʰək　utʃi-tʃɑ:　wəi.
1sg　坐-CVB　书　　看-PROG　1sg
我坐着看书。

nəkʰ pəi-iə: kui-tʃi, nəkʰ　pəi-iə: xʷɑinə　utʃi-pəi.
一个　身体　跑-CVB　一个　身体　后面　看-PRES
边跑边回头看。

二　完成式副动词

完成式副动词表示一个语义当中存在两个动作，即主要动作和次要动作。在主要的动词后附完成时态标记"sən"，而在次要的动词后加副动词标记"tʃi"，例如：

i:n　xətʃənər utʰəkʰai ənnə paitʰ-i:　patʃa-tʃi　orkʰə-sən.
3sg　早早　　是　　这个　事情-ACC 准备-CVB 开始-PFV
他很早以前就开始准备这件事情了。

nuwɑ: i:tʃin　wɑ:-tʃi　par-sən,　kʰətʃʰie-tʃi　pol-pəi.
菜　　已经　洗-CVB　完成-PFV　切-CVB　可以-PRES
把菜已洗好，可以切了。

三　假定式副动词

假定式副动词的附加成分为"ɑ:s/ ə:s/o:s"，表示"如果……的话"，例如：

xərwul ʃi: əl-əːs,　　pi: ʃami:　　　əri-tʃʰi.

如果　2sg 说-CVB 1sg 2sg: ACC 找-趋向体

如果你说的话，我就会去找你。

xərwul tʰonkʰw: uː-ɑːs,　　xər kər-t　　əuti: nə-pəi?

如果　钥匙　没有-CVB 怎么 家-LOC 门-ACC 开-PRES

假如他没有钥匙，该怎么进屋啊？

四　让步式副动词

让步副动词是指在让步状语从句中加入的动词附加成分，其附加成分为"tʰəkʰaitʃʰi"，如例句：

tʰi:　ʃi:-tʰəkʰaitʃʰi　pol-pəi.

那样　做-CVB　可以-PRES

即使那样做也可以。

tʰər　ɑː-tʰəkʰaitʃʰi, pi: ul it-pəi.

那个 在-CVB　　1sg 不 吃-PRES

即使放那，我也不吃。

第七章　句法

第一节　词法

一　词序

通常来说，达斡尔语的名词后可附加一个或者多个修饰成分。当指示代词加量词短语单独修饰名词时，既可以出现在名词之前，也可以出现在名词之后；当指示代词加量词短语与其他修饰成分一起修饰名词时，指示代词加量词短语经常出现在名词之前。数词不必和量词一起出现才能修饰名词。当数量词短语修饰名词时，数量短语都出现在它所修饰的名词之前，例如：

xoir　tʃʰatʃukʰʷ　ʃil
两　碗（量词）　汤
两碗汤

名词短语可能出现的最大语序结构可以示意为：

（领属）+（指示代词）+（数量词）+（形容词）+（名词）+（关系句）

普通名词始终出现在专有名词之后，特指名词出现在泛指名词之前，例如：

专有名词PropN　　普通名词ComN
tʃʰolo:　　　　　akʰaː
石头（人名）　　哥哥
石头哥哥

特指名词也经常出现在泛指名词之前，例如：

特指名词SpecN　　泛指名词GenericN

tɑur　　　　　　usukʷ

达斡尔族　　　　语言

达斡尔语

领属代词一般出现在它们所修饰的名词之前，其始终出现在所修饰的名词之前。名词后可再附领属代词，也可以省略，例如：

领属GEN　　　名词N　　领属GEN

mini:　　　　tʃʰɑtʃukʰw　　mini:（可省略）

1sg：GEN　　碗　　　　1sg：GEN

我的碗

当形容词单独修饰名词时，形容词出现在所修饰的名词之前，当形容词与其他修饰成分一起修饰名词时，形容词也始终出现在名词之前，例如：

形容词ADJ　　名词N　　领属GEN　　形容词ADJ　　名词N

ʃinkʰən　　　pitə:k　　ʃini:　　　kʰɑutʃʰin　　warkʰəl

新的　　　　书　　　　2sg: GEN　旧的　　　　衣服

新书　　　　　　　　　　　　旧衣服

谓语动词的最小结构单位是一个无任何标记的动词。所有标记都出现在动词之后，例如：

ət　morʲ　it-lənə:-sən　　uwəi.

3pl　马　吃-CAUS-PFV　没有

他们没有喂马。

二　词的结构类型

达斡尔语的词的结构关系类型主要有：主谓结构、述宾结构、偏正结构（定中、状中）、联合结构、连动结构，如下所示：

1.主谓结构

主谓关系通常是主语在前，谓语在后。可以用来充当主语成分的是名词、代词、数词、形容词等。可以充当谓语成分的是动词、形容词等，如下所示：

tʃuru: ətʰon胆大　　　xukur murkir牛叫

胆子　大　　　　　牛　　　叫

pata: polən.饭好了　　　tʃʰika:n jantʰi: mo:. 白色的款式不好。

饭　　好了　　　　　白色　样子　不好

əwə: ʃini:　　kʰutʃʰi-sən. 你的母亲到了。

妈妈 2sg:GEN　到-PFV

tʰuwɑ:-t　pata: pəi. 锅里有饭。

锅-LOC　饭　　有

2. 述宾结构

述宾结构是支配与被支配的关系，其中宾语在前，述语在后。宾语可以由名词、形容词成分充当，而述语可以由动词、形容词成分充当，例如：

xonnul　　nirkə-pəi打雷　　　sana:　ʃi:wə:-pəi操心

雷　　　打-PRES　　　心思　担心-PRES

ukʷ-sən　　xu:-i: sakʲpəi守丧　painatʃʰa kʰənulə-pəi信奉山神

死-PFV　人-ACC 守护　山神　信奉-PRES

tʰənkʰə-t　itʃʰi-pəi. 去腾克　akʰa: ai-pəi害怕哥哥

腾克-LOC　去-FUT　　哥哥　害怕-PRES

3.定中结构

定中结构描述修饰性成分和被修饰成分之间的关系，修饰性的成分在前，被修饰的成分在后。处在修饰性成分的位置可以是名词，也可以是形容词、副词、拟声词等。被修饰的成分可以是名词、形容词。其结构关系可以描述为：修饰性成分（名词/形容词/副词/拟声词……）+被修饰成分（名词/形容词），具体示例如下：

mo:t-i:　kʰoltus树皮（名词+名词）

树-GEN　皮

tʰər　kʰʷəkʰ那个男孩（代词+名词）

那个　　男孩

nɑri:kʰən mʲɑk瘦肉（形容词+名词）

瘦的　　肉

saikʰən uji:n好看的女孩（形容词+名词）

好看的　　女孩

mərkən xu:猎人（动词+名词）

打猎　　　人

matən xɑlu:n非常热（副词+形容词）

非常　　　热

matən kilpɑ:n非常晴朗（副词+形容词）

非常　　晴朗

4.状中结构

状中结构是描述限定和被限定的关系。状语在前（限制性成分），一般为形容词、副词、动名词等。中心语在后（被限定的成分），一般为动词、形容词。处在中心语位置的成分其性质是动词性的，详见以下示例：

kʷaitan jɑu-pəi慢慢地走（形容词+动词）

慢慢地　走-PRES

kətʰəkʰən jɑu-sən突然走了（副词+动词）

突然　　　走-PFV

sons-ut sain.听起来好听（动名词+形容词）

听-NMZ　好

kui-ut xortun. 跑得快。（动名词+动词）

跑-NMZ　快

5.联合结构

联合结构是由具有相同词性、相同句法功能的成分组合而成，构成意义相近或者相反的并列关系，为正常语序，例如：

tʃukʲpəi mo:对错　　mətʰər piʃi:n是非　karʲ kʰuilʲ手脚

对　　错　　　　是　　不是　　手　脚

akʰɑ: təu 兄弟　　ɑupəi turpəi 买卖　　məis tʃʰas冰雪

哥哥 弟弟　　　买 卖　　　　　冰 雪

nonkʰʷəkʰ uji:n xu: 男女

男孩　　　女孩　人

6.连动结构

连动结构通常使用在连动句中，由两个连续的动作连接而成，有主要动作和次要动作。在主要动词后标记时、体、态、格等语法形态，在副动词后加特殊标记"tʃi"，例如：

sau-tʃi　　pata:　itə-tʃaːpəi.

坐-CVB　饭　吃-PCT

坐着吃饭呢。

kər-t　　watʃir-tʃi　sau.

家-LOC 进来-CVB 坐

进屋里坐

waːtʰaː-tʃi　　　kʰultʃʰəː-tʃaːwəi.

焦急-CVB　　等-PROG:1sg

焦急地等待。

第二节　句法

一　句子成分

达斡尔语的句子成分有主语、谓语、宾语、定语、状语、补语六种。

1.主语

主语在句子之中主要依附于谓语，是谓语所表述的对象。充当主语成分的一般为静词性成分，如代词、人名、地名、数词、形容词等。从语义层面来说，有些主语成分可以作为谓语的施事出现，有些主语也可以作为受事出现，例如：

jəjə:　ʃami:　　tʲaːrkun paitʰə　ʃiː-tʃi　　ukʰʷ-sən.（施事）

爷爷 2sg：ACC 很多 事情 做-CVB 给-PFV

爷爷为了你做了很多事。

iːn　ʃamət　　səruːn-lənəː-tʰən.（受事）

3sg　2sg:DAT 醒-CAUS-PASS

他被你叫醒了。

patʰɑ: olorʷ polkʷ ɑul-i:　　tʰər pəi ʧur-t　　kui-sən.（施事）

敌人　PL　都　　山-GEN 那个 面 方向-LOC 跑-PFV

敌人都向山后面跑了。

ənə paitʰə aktəu　　tʷatʰər saina xəː-sən.

这个　事情 哥哥 弟弟 内部　　好 分离-PFV

这件事情让兄弟之间感情不好了。

2.谓语

谓语是一个句子的核心部分，一般由谓语动词来体现，通常位于句尾，属于动词后置型，动词不会单独出现，一定会有黏附成分，例如：

tankə-i: wo-ʧi　　ʃat-pəi　ʃi:?

烟-ACC 吸-CVB　会-PRES　2sg

你会吸烟么？

pet　mətʰər ailəkə paitʰə-ləː　jɑː.

1PL　仍旧　曲子　用-CAUS　助词

我们仍旧用那个曲子。

i:n　amʲsla-ʧi kui-ʧi　kui-ʧʰi-sən.

3sg　呼吸-CVB 跑-CVB　跑-趋向体-PFV

他气喘吁吁地跑过来了。

此外，谓语部分也可以由一些名词性成分充当，例如：

pi:　ənə xon talən tʰau-tʰiː pəi.

1sg　这个 年　七十　五 有　PRES

我今年75岁了。

3.宾语

宾语位置一般位于主语后、谓语前，结构形式为主宾谓（SOV型），例如：

uʧʰikʰər olorʷ ʃikəʧir xu: xərwul waʧʰir-ɑːsa sain xasoː jɑː.

小孩　　PL 老的 人 -ABL　　遇见-CVB 好 问 语气词

晚辈如果遇到长辈要请安。

utiʃ jamənnar kalʲ kʰitʰʃəu səli-pəi ʧɑː-sən.
昨天 政府 火 通知 接到-PRES 告诉-PFV

昨天接到政府关于防火的通知。

aul moilə moto、xunlir moto、aliməi moto、ʧʰʷʧʰʷm moto、xuntʰurʷ
山臭李子树 山丁子树 山梨树 榛子树 山里红

moto əurʷ-sən.
树 种植-PFV

山上栽了臭李子树、山丁子树、山梨树、榛子树、山里红树。

4.定语

定语的成分多样，一般可以由数词、代词、名词、形容词来充当，通常居于句首，例如：

nəkʰ xoːn xɑur nɑiʧir namər ukul turup ərin.
一个 年 春天 夏天 秋天 冬天 四个 季节

一年有春夏秋冬四个季节。

tʰɑː kʰərʧə-t os sur-sən tʰɑː iə:
2PL 园子-LOC 水 浇-PFV 2PL 么？

你们园子里浇水了么？

pɑː kʷɑrpə xəʧəːtə: nəkʰ nɑːwɑː.
1PL 三个 总是 一个 伴随

我们三个总在一起。

aul sɑir-i: tʷanpəitnə nəkʰ atəu ʧʰoloː pəi.
山 边缘-GEN 下面 一个 堆 石头 有

山脚下有一堆石头。

əkʰiː-niː akʰa-iːk, tʰiːkʰn-niː ʃiniː.
这些-FOC 哥哥-GEN 那些-FOC 2sg:GEN

这些是哥哥的，那些是你的。

5.状语

状语是在句子中修饰动词或者形容词，以完成动词或形容词在句子中做谓语的作用。状语的成分一般由副词或者带有描述性的副动词来体现，其位置在动词或形容词之前，例如：

ənə　　aul matən ʧʰar（副词）

这个　山　非常　陡峭

这座山非常陡。

kaːt kʰʷrukʰar xəin ʃar pəi.（副词）

外面　呼呼地　风　刮　PRES

外面在呼呼地刮风呢。

ʃiː　kəntʰənən joː　　xatʃir-sən　　ʃiː?（副词）

2sg　突然　　怎么　　回来-PFV　2sg

你怎么突然回来了？

in　ətʰəkʰʷtʰiː　kʰutʃʰir-sən.（副词）

3sg　刚刚　　　到-PFV

他刚刚到了。

I n　amʲsla-ʧi　kui-ʧi　　kui-sən.（副动词）

3sg　呼吸-CVB　跑-CVB　跑-PFV

他气喘吁吁地跑过来了。

6.补语

补语是在述补结构中补充说明述语的结果、程度、趋向、可能、状态、数量等。补语与述语之间是补充与被补充、说明与被说明的关系，例如：

piː　jami:-tʰiː　　nəkʰən kʲaːt itʃʰi-lsəm.

1sg　3sg- COM　一起　街　去-CAUS

我和她一起逛的街。

miniː　　　wantʰu-t　　miniː,　　　puː taiʃiə tʰuː.

1sg: GEN　睡觉-LOC 1sg: GEN 不要　吵闹　语气词

我在睡觉时，不要打扰我。

xorotun jamət əmə it-ləːr

快点 3sg-DAT 药 吃-CAUS

快给他吃药！

二 疑问句

达斡尔语疑问句类型主要有三种，即疑问词疑问句、非疑问句、选择疑问句。

1. 疑问词疑问句

疑问词疑问句是由疑问代词提问，并指明请求询问的是什么重要信息。疑问词在句中出现的位置与汉语语序不同，有不同的句法位置，即可以出现在句首、句中或者句末，例如：

xətʃə: tʃɑ:kʰ ɑu-tʃʰi   u:tɑ:?（时间）

何时　东西　买-趋向体 PRT

啥时候去买东西？

xəni: nəməs?（领属）

谁的:GEN 被子

谁的被子？

tʰət juku: ʃamət   ukʰʷ-sən uwəi?（原因）

3pl 为什么 2sg:ACC　给-PFV　没有

他们为什么没有给你？

2.是非问句

是非问句是指寻求信息，或者请求某事或进行某动作的疑问句，该问句所期望的答案为"是"或者"不是"。部分是非疑问句的句尾若是第二人称附加成分如"ʃi:"你，"tʰɑ:"你们，其语调用升调表示。还有一些是非疑问句用句尾语气词如"jɑ:""jə:"等语气词配合升调来表示；或者用"kʰowo""moo"等语气词配合降调来标记这种类型的问句，例如：

ʃi: ənə paitʰ-i: putʰə ʃat-pəi   ʃi: jə:?（升调）

2sg 这个 事情-ACC 办理　会-PRES 2sg PRT

你能办这个事么？

atʃʰɑ: ʃini: mət-pəi   jɑ:?（升调）

爸爸 2sg:GEN　知道-PRES PRT

你爸爸知道吧？

ʃi:　kʲɑ-t　　　itʃʰi-sən　ʃi:　jə:？（升调）

2sg 街-LOC 去-PFV　2sg PRT

你上街了么？

i:n　pʰantʃʰi-sən　kʰowo？（平调）

3sg 生气-PFV　　PRT

他生气了吧？

3.选择疑问句

选择疑问句没有特殊的形态，一般是列出可供选择的选项，供听话人选择。语气较为缓和，例如：

ʃi:　xulɑ:n xakʰur ɑu-pəi ʃi: mo:? xaiʃi tʃʰikɑ:n xakʰru ɑu-pəi　ʃi:　mo:?

2sg 红色　裤子　要-FUT 2sgPRT 还是　白色　裤子　要-FUT 2sg PRT

你要红色裤子还是白色裤子？

三　否定句

关于达斡尔语的否定句，涉及的角度有一般否定句、否定的辖域、双重否定句、否定式工具、否定式物料、否定量化、否定式伴随等多种形式。

1.一般否定句

达斡尔语没有特定的否定标记，主要由否定词pu:"不"、ul"不"、piʃi:n"不是"、uwəi"没有/不是"、ute:n"尚未"等词来构成一般否定句，例如：

xʷɑr os uwəi ʃi:rtʰɑ:l.

雨　水　没有　沙漠

没有水源的沙漠。

ʃini:　　sanɑ: ʃini:　　tʰər-tʰi:　　ɑtilʲ piʃin.

2sg:GEN 意见 2sg:GEN 3sg-COM　一样 不是

你的意见和他不同。

2.否定的辖域

否定词的位置会影响否定词的辖域。达斡尔语中的否定词有时辖域谓语动词中某一特定成分。例如下面例句中，否定词"uwəi"并没有否定主要的动词 mət"知道"，而是否定 jamət tail"我们的责任"，例如：

tʰər ənnə paitʰi: jamət tail uwəi mət-pəi.

3sg 这个 事情：ACC 1sg:DAT 责任 不是 知道-PRES

他知道这不是我们的责任。

又如下句，否定词"piʃi:n"并没有否定主要动词 nəu"搬"，而是否定动词 kətʰkʰun"清楚"，如下所示：

ini: nəu-u: paitʰi:, pi: kətʰkʰun piʃi:n.

3sg:GEN 搬-NMZ 事情 1sg 清楚 不是

关于他搬家的事，我也不太清楚。

3.否定式物料

否定式物料是对某种使用材质的否定。其结构与否定式工具类似，但使用的否定词是"piʃi:n"，通常表示为"……不是……做的"，例如：

ənə katʃir ku:-iərə: ʃi:-sən piʃi:n.

这个 地方 玻璃-INSTR 做-PFV 不是

这个地面不是玻璃做的。

ənə tʃʰomo: tʃʰatʃʰukʰʷ:-iərə: ʃi:-sən piʃi:n.

这个 杯子 瓷-INSTR 做-PFV 不是

这个杯子不是瓷做的。

ənə nat-u tʃakʰ xʷaʃala-rə: ʃi:-sən piʃi:n.

这个 玩-NMZ 东西 塑料-INSTR 做-PFV 不是

这个玩具不是塑料做的。

4.否定式伴随者

否定式表示"没有和某某一起做什么"，其结构与上述几种类型均类似，都是否定词 uwəi"没有"一词在句末的谓语动词后，例如：

ʃini: sana: ʃini: i:n-tʰi: əntʃʰkʰʷo:n uwəi.

2sg:GEN 意见 2sg:GEN 3sg-COM 不同 没有

你的意见没有和他不同。

pi: ini: tak-tʃi jau-sən uwəi.

1sg 3sg:ACC 跟着-CVB 走-PFV 没有

我没有跟着她走。

5.双重否定

达斡尔语的双重否定结构用"unu""ul""uwəi"等否定词同时否定两个动词，即可以同时否定主要动词，也可以否定情态动词、存在动词等，例如下列两句中否定词"unu"分别否定 itʃʰi "去"和 itʰikə "相信"，而否定词 u: 均否定情态动词 ʃatən "会"，例如：

unu itʃʰi-tʃi　ul　ʃatən.

不　去-CVB　不　会

不能不去。

unu itʰəl-tʃi　　　ul　ʃatən.

不　相信-CVB　　不　能

不能不相信。

四　比较结构

比较结构是指人、事物、事件等是如何进行比较的，我们主要讨论达斡尔语比较结构中的标准比较结构和等同比较结构。

1.标准比较结构

当一个所指与另外一个所指被比较时，被比较项出现在句首，而比较基准项位居其后。标准比较结构没有明确的语法标记，通常用形容词的黏附成分"tʃʰir"表示某种程度的加深，例如：

i:n　　namar　　　tʃʰika:n-tʃʰir.

3sg　1sg: INSTR　白-COMP

他比我白点。

i:n　　namar　　　nəkʰ xəkʰə-i: xuntur-tʃʰir.

3sg　1sg: INSTR　一个　头:ACC　高

他比我高出一头。

i:n　　namar　　　kui-uni: xortun-tʃʰir.

3sg　1sg: INSTR　跑-NMZ　　快

他比我跑得快。

2.等同比较结构

"等同比较结构表示人、动物、实物、现象、活动或事件各自之间的相同或相似比较。"（黄成龙，2007）达斡尔语没有专门的等同比较标记。等同比较结构可以表示为：NP1+NP2+aDV{等同}＋谓语

在等同比较结构中通常是两个名词短语代表两个所指，副词atilⁱ/nuwaːn "一样" 一般出现在静态谓语动词之前、名词短语之后，处于句中或者句尾，如以下例句：

iːn　　tʰər-tʰi:　atilʲ　tʰarkun.

3sg　3sg-COM　一样　胖

他和他一样胖。

iːn　　tʰər-tʰiː　　atilʲ　lakʰaː.

3sg　3sg-COM　一样　矮

他和他一样矮。

iːn　　mokʷ-i:　nuwaːn　mortʃʰoːltʃʰ-jaːpəi.

3sg　蛇:ACC　一样　扭动-PROG

他像蛇一样扭动。

五　关系子句

达斡尔语最为典型的关系子句结构是关系句在中心词之前。关系句通常由几个小句构成，一个中心词本身可以是一个名物化的表达。名物化的句子没有体标记。名物化的标记用 "uː" 或者 "jaːuː"，如例句：

[ətənnə　ʃiː-tʃi　ukʰʷ-tʃau　natu:]　tʃakʰ-niː.

3pl　做-CVB　给-NMZ　玩-NMZ　东西-FOC

给他们做的玩具。

[ʃamət　ukʰʷ-jaːu:]　tʃakʰ-niː.

1sg:DAT　给-NMZ　东西-FOC

给你的东西。

以上几个例句都带同一个前置关系子句，即关系句子句在中心词之前，关系子句均在方括号内，例如：

[tʰɑːnə ukʰʷ-jɑːu]　　 tʃakʰ-niː.

2pl　　给-NMZ　　东西-FOC

给你们发的东西。

关系句[tʰɑːnə ukʰʷ-jɑːu]"给你发的"出现在中心词tʃakʰ-niː"东西"之前，并修饰中心词 tʃakʰ-niː"东西"。除了用名物化的关系句之外，还有一部分关系句并非是用名物化标记的，而是采用限定句来标记，关系子句内有自己的体标记，例如：

[saikʰən xulɑːn tʃus-tʰiː]　tʃʰuns-niː.

好看　　红　　颜色-有 裙子-FOC

好看的红色短裙

[ənə utʃʰikʰər-i:　tʃau-sən] nokʷ.

这个 小孩-ACC　咬-PFV　狗

咬了这个孩子的狗。

[ʃamət　　　ʃiː-tʃi　ukʰʷ-sən] wɑrkʰəl-niː.

2sg:DAT 做-CVB　给-PFV　衣服-FOC

给你做的衣服。

第八章　方言

第一节　方言成因及分布格局

早在黑龙江北岸居住时，达斡尔族就已经是从事多种经营的农业民族，在内部实行一系列严格的宗法封建制度，信仰萨满教并保持其稳定性。由于当时特定环境的限制，除了与几个世居黑龙江流域的民族如鄂温克、鄂伦春等民族有一些接触以外，达斡尔人及其社会基本处在一个相对封闭的状态。而自南迁至嫩江流域以后，加之清代的几百年时间里，达斡尔人因各种原因迁移不同地方驻防、屯垦、戍边，造成了达斡尔族社会的分化。随着达斡尔族社会的分化，迁居于不同地区的达斡尔人一方面继续保留和沿袭自己的母语文化，另一方面为了适应各自所处的新的特定环境，在固有的传统文化基础上，普遍都形成了具有地方特色的亚文化特征，并在长期的历史进程中又有一些演变，反映在语言中则表现为各方言都出现了变异形式。这将为我们研究各方言群体的亚文化特征提供依据。

总之，达斡尔语方言的研究具有多学科学术研究价值。

一　达斡尔语方言成因

根据我国第七次人口普查统计数据，全国达斡尔族人口为132299。主要分布于内蒙古自治区、黑龙江省和新疆维吾尔自治区等地。总体上，达斡尔族的人口分布格局呈层次型向聚居地集中，呈扩散型由聚居地向外分散分布。即使在民族聚居区也都存在和其他民族杂居或毗邻而居的现象，这种人口分布格局已形成了几个世纪之久。长久以来，各地区的达斡尔族也深受邻近民族的影响。在语言上表现为出现了邻近民族语言的借词或其他言语表现形式，考察这些借词和其他语言表现形式的数量、分布范围及语义变化情况可以为我们提供研究各方言群体接受外来文化影响方面的信息和依据。

达斡尔语方言的形成与达斡尔族历史沿革、社会分化以及语言变异等有着十分密切的关系。首先，达斡尔族的历史性迁徙对其内部原统一的社会的分化以及方言的形成具有极其重要的历史性影响：达斡尔族17世纪前是黑龙江流域的世居民族之一，17世纪前的达斡尔族沿黑龙江上、中游两岸呈聚居分布状态，社会内部高度统一，在文化上呈封闭保守状态，而自17世纪初与女真首领努尔哈赤建立的后金王朝形成政治上的隶属关系之后，满族统治者为了有效地管辖黑龙江流域，对世居于此的达斡尔族和其他各族采取了强征之下恩威并举的统治政策和分化手段，致使达斡尔族某些部族间开始出现分裂现象。与此同时，沙皇俄国的东侵势力也不断对黑龙江流域进行骚扰，黑龙江流域各族英勇抵抗，用鲜血和生命捍卫了祖国的东北部边疆。当时满族统治者急于攻入关内，鼎定中原，统一全国，对边疆战争无暇顾及，为了暂缓战势，切断沙俄军队粮源，便实行了"南迁臣民"之权宜之策。这一策略与疲于战乱、企盼安定的生活环境的达斡尔等黑龙江世居民族的主观愿望相一致。于是，从17世纪40年代前后开始，世代居住于黑龙江流域的达斡尔等族陆续迁入嫩江流域，从而使达斡尔族社会及人口分布格局发生了历史性的变化。达斡尔族南迁至嫩江流域以后，一部分人定居于嫩江中游的墨尔根（今嫩江县一带）、博尔多（今讷河县一带）、德都等地，即今以内蒙古自治区莫力达瓦达斡尔族自治旗为中心的山川河流一带，当时这部分达斡尔人主要以渔猎为生，被称作"巴特罕浅"（原义为"狩猎的达斡尔人"）或"布特哈达斡尔人"。另一部分人定居于嫩江下游的平原地带，建立了齐齐哈尔、梅里斯、巴尔齐格等屯落。这部分人利用当地的自然环境主要从事农耕生产，被称之为"齐齐哈尔浅"或"浩通达斡尔人"（义为"城市达斡尔人"）。上述两个地区是达斡尔族自17世纪以来相对稳定的两个主要聚居区。由地域特征及其他因素形成的两个方言即"布特哈方言"和"齐齐哈尔方言"也是使用人口较多的两个方言区，约占全国达斡尔族总人口的90%左右。其次，清朝年间满族贵族统治者由于战争和戍边的需要，对达斡尔族的不断调遣也对现代达斡尔族人口分布格局和方言的形成起到了十分重要的作用。从清康熙中期起，达斡尔族经历了近一个世纪之久的迁移：17世纪80年代初，满族统治者最终完成了统一大业，遂将消除东北边患，巩固和加强边防驻守视为当务之急。清康熙二十三年（1684年），黑龙江将军奏请清廷获准，从嫩江流域的布特哈和齐齐哈尔官兵中抽调500名，前往额苏里驻守，后这部分人长期留驻瑷珲城。清光绪二十年（1894年）又从布特哈和齐齐哈尔两地调遣数百名达斡尔族官兵移驻瑷珲城。这些先后留驻于瑷珲城的达斡尔人后被称为"瑷珲浅"或"瑷珲达斡尔人"。

康熙二十七年（1688年），黑龙江将军从布特哈地区调达斡尔、鄂温克两族官兵1000名修建墨尔根城。康熙二十九年（1690年），黑龙江将军从瑷珲城移驻墨尔根城时，从布特哈地区又调达斡尔、鄂温克族官兵420名，以加强墨尔根城防卫。在墨尔根八旗17佐中，仅达斡尔族就占5佐。

清雍正十年（1732年），清政府从布特哈地区抽调达斡尔等族官兵3000余人驻防呼伦贝尔。由于呼伦贝尔地区气候寒冷，不宜耕种，难以维持生计，经多次奏请，清廷允许部分达斡尔人迁回布特哈原籍。所剩达斡尔人与后来迁入呼伦贝尔的达斡尔人同鄂温克等族杂居于海拉尔南屯和莫克尔图等地。这部分达斡尔人被称之为"海拉尔浅"或"海拉尔达斡尔人"。

清乾隆八年（1743年）始至19世纪中叶，奉清廷调令，达斡尔族官兵分三次移驻呼兰地区屯垦。这部分人主要从齐齐哈尔地区达斡尔人中抽调，被称之为"呼兰浅"或"呼兰达斡尔人"。

清乾隆二十八年（1763年），清政府在平定了新疆地区准噶尔部叛乱之后，为了巩固和加强西北边塞的驻防势力，派遣布特哈地区的达斡尔等族携带家眷迁居伊犁，编入"索伦营"，长期驻守于霍尔果斯河及图尔根河流域。后大部分人定居于塔尔巴哈台（今塔城一带），一小部分人居住于霍城一带，生活于新疆境内的达斡尔族被称之为"伊犁达斡尔人"或"新疆达斡尔人"。

上述分布格局使各居住区达斡尔族间产生了诸多方面的差异。仅就语言方面来看，瑷珲地区与呼兰地区的达斡尔人因人口较少，本民族文化特点保留较少，大多数人基本转用了汉语。而海拉尔与新疆两个地区的达斡尔人因诸种原因还比较完整地保留了本民族的某些文化特点，语言上也各有发展，形成了一定的方言特色。

第三，无统一文字约束语言的发展是达斡尔语方言形成的另一重要原因：自18世纪中期后，达斡尔族人口分布格局基本稳定，各居住区达斡尔族实际上形成了相对独立的社会群体。为了适应新的居住环境和生活条件，各居住区的达斡尔族对传统的生活方式与文化机制予以调整和整合，走上了各自的社会发展道路。与此同时，由于无统一的传统文字的规范和约束，各居住区达斡尔族的语言也沿各自的发展轨迹逐渐演变。历史上，达斡尔族曾在较长的时期里学习和使用满文和满语，并在一定程度上实现了满达双语现象。甚至这种操用双语的社会现象在布特哈和齐齐哈尔地区一直延续到清末民初才逐渐消失。但满语对达斡尔族各居住区的影响和渗透程度上有所不同。满文的普及情况也因各居住区达斡尔族人口的数量和教育条件以及本族知识分子或教育人才拥有的情况不同而各异。但即使受满语影响较深，满语普及较广泛的布特哈地区，人们实际上也未真正地把此舶来品作为同族传统文化特质来学习与使用，何况教育条件的限制使许多人无法获得接受教育的机会，也在很大程度上对满文传播、普及和推广产生了一定的影响。此外还要强调的是，达斡尔族涌现出来的一批精通满语满文的知识分子虽然以满文著书立说，记录族事，修辑家谱，翻译和整理了一些史料，甚至进行文艺创作，但他们并未把满文这套文字体系加以改造而转化或借用为达斡尔族自己的文字。历史上，也有些仁人志士为达斡尔族创立文字呐喊呼吁，费尽心机，试图推行在蒙古文、斯拉夫字母基础上制定的达斡尔文字方案，但终因各种原因而未始推行便中途夭折了。至20世纪50年代末，在党的民族政策的光辉照耀下，经过多方面努力，在拉丁字母基础上制定的达斡尔文字方案才得以问世。科学意义上的达斡尔文字方案的颁布、试行是到80年代才得以实现的。在这方面内蒙古达斡尔族学会做出了积极的贡献。

第四，不同的民族关系和语言影响也在一定程度上给各居住区达斡尔族的语言平添了一些地域特色：内蒙古自治区莫力达斡族自治旗为中心的布特哈方言区是达斡尔族主要聚居区和自治地方之一。当17世纪达斡尔族某些部族南迁至这一带时，和邻近的满族有较多的交往。后来，在这一带创办了满文学堂和私塾。许多达斡尔人在军政合一，耕种相兼的八旗组织中做官当兵，与满族官兵朝夕相处，习练骑射，习用满语满文。一些兼通满文满语的达斡尔民间艺人也在乡村百姓中讲授满译的一些汉族古典史书经典，章回小说等。所有这些，对传播满族文化和普及满文满语都起到了十分积极的作用。同时，也推动和影响了布特哈地区达斡尔族文化和教育事业的发展。由于长期与满族毗邻或杂居，布特哈达斡尔人受满族文化影响较深，反映在语言方面便表现为拥有较多的满语词语，并较早形成了满达双语现象。

齐齐哈尔方言区也是我国达斡尔族主要聚居区之一。这个方言区的达斡尔族长期以来与汉族和一部分蒙古族部落毗邻或杂居，与其他达斡尔族方言区相比较早受汉语的影响，也吸收了蒙古东部方言的若干词语。这个方言区较早地形成了达汉双语现象。

海拉尔方言区的达斡尔人很久以来一直处在蒙古族的草原畜牧文化氛围之中，反映在语言方面则表现为受蒙古语影响较深，其中相当一部分人是通过蒙古语文接受启蒙教育的，他们能够十分熟练地使用蒙古文、蒙古语。

处在新疆这个特殊环境下的达斡尔人自幼便成长在多重民族关系和多元文化的摇篮之中，尤以哈萨克族文化对新疆达斡尔族的影响最为深刻。生活在塔城一带的达斡尔族的衣食住行、风俗习惯、文化观念、心理心态等诸多方面无不显露出哈萨克族文化影响和渗透的痕迹。由于从小便生活在多重语言交替使用的交际社会之中，许多人能够熟练地使用哈萨克语（文）进行口语或书面语交际，其中不乏优秀的翻译人才。另外，还有一部分人兼通维吾尔语、蒙古语、满语和俄语。

二　达斡尔语方言及其分布格局

自达斡尔语被确认为阿尔泰语系蒙古语族中的一支独立语言以来，国内外学者对其展开了多方面的专题研究。达斡尔语方言问题是研究较多且存在一定理论分歧的众多研究专题之一。概括来说，关于达斡尔语内部分化的问题一直存在着两种观点。一种观点认为，达斡尔族自清朝中期以来形成的大分散、小聚居的民族人口分布格局，已使达斡尔族统一的社会结构产生了一定程度的分化，并由此形成了达斡尔族文化的区域性特征，与此并列或同步形成的区域性语言特征是方言划分的客观基础。这种观点我们暂且称之为"方言说"。另一种观点则认为各地达斡尔语之间虽存在着一定的差别，但共性是主要的，可以认为达斡尔语没有方言分歧，只能划分为不同的土语。这种观点我们暂且称之为"土语说"。在这两种观点中，持"方言说"观点的学者占多数，但在方言区域的划分和数量上存在不同的分歧：第一种为两分法，以著名美籍蒙古学家波普为代表。他在其论著《蒙古语比较研究导论》（英文版，1955年，赫尔辛基）中把达斡尔语分为两个主要方言，即海拉尔方言和齐齐哈尔方言。苏联蒙古语专家托达叶娃20世纪50年代也曾坚持两分法，但在区域的划分上与波普有所不同。托达叶娃在20世纪50年代参加了我国的民族语言普查工作，并在此基础上发表的《研究中国各蒙古语和方言的初步总结》一文（《中国语文》1957年第9期）中把达斡尔语划分为布特哈和齐齐哈尔两个方言。第二种为三分法，以苏联蒙古语专家托达叶娃为代表。托达叶娃在其近著《达斡尔语言》（俄文版，1986年，莫斯科）中一改初衷，把达斡尔语划分为布特哈，齐齐哈尔和海拉尔三个方言。第三种为四分法。持四分法的主要有以下学者：内蒙古大学教授清格尔泰先生（参见《中国蒙古语族语言和方言概况》连载于《蒙古语文》杂志（1957—1958年，呼和浩特）），原中央民族学院教师欧南乌珠尔先生（参见《达斡尔语言》中央民族学院民语系油印本，1981年，北京），内蒙古大学教授恩和巴图先生（参见《达斡尔语和蒙古语》，内蒙古人民出版社，1988年，呼和浩特）等。以上学者一致把达斡尔语划分为布特哈、齐齐哈尔、海拉尔、新疆四种方言。此外，少数人还持六分法。如吴德渊先生在《达斡尔语分布简介》（1981年12月呼和浩特市召开的内古达斡尔族历史语言文学界学会成立大会会议论文）中根据达斡尔族人口分布格局而将达斡尔语划分为布特哈、齐齐哈尔、伊犁、海拉尔、呼兰、瑷珲六种方言。在持"方言说"的上述学者中多数都只划到方言为止，也有个别的学者则在方言之下又划分出不同的土语。如恩和巴图先生把布特哈方言下分为纳文、讷莫尔、墨尔根、瑷珲四个土语；欧南、乌珠尔先生也把布特哈方言划分为四个土语（同恩和巴图先生），把齐齐哈尔方言划分为江东、江西、富拉尔基三个土语，把海拉尔方言划分为南屯、莫克尔两个土语。

　　持"土语说"的学者在土语区域的划分和数量上主要存在以下两种分歧：一种为两分法，以仲素纯先生及其论著《达斡尔语简志》（民族出版社，1982年，北京）为代表，她主张把达斡尔语划分为布特哈、齐齐哈尔两个土语。另一种观点为三分法，以孙竹先生及其论著《达斡尔语概要》（载《蒙古语语文集》，青海人民出版社，1985年，西宁。）为代表，孙氏把达斡尔语划分为布特哈、齐齐哈尔、新疆三个土语。另外，《达斡尔族社会历史情况调查》（内蒙古人民出版社，1985年，呼和浩特）的作者也持此观点。

对达斡尔语内部语言分化的问题在理论认识上存在的上述分歧，我们认为主要可能缘于以下几个原因：第一，对方言概念的理解及其界定的尺度不尽一致：我们从方言说和土语说的学者们的观点和理论基础来看，在认识上有一个共同之处，那就是均承认各地达斡尔族的语言之间确实存在着一定的差异。但在如何认识这种差异，以及将这种差异是看作方言还是看作土语即在怎样把握划分方言和土语的尺度上出现了不一致。与方言说相比，土语说所持土语的概念与尺度较为宽泛，把达斡尔语的地域性差异均纳入了土语的差别范围之内，无形中缩小了方言差别范围和严化了方言的标准尺度。而方言说所持方言的概念与尺度较土语说宽泛。这种在基本概念上的理解不同和界定上的原则分歧必然导致了上述两种不同观点的产生。第二，调查和掌握语言材料的多少程度不一：语言的描写分析要求在大量翔实的语言材料基础上进行。掌握材料的多少程度可能会导致不同结论的产生。如国家民委组织的全国民族语言调查队内蒙古达斡尔语调查组在1955年和1956年两次调查所得结果就截然不同：第一次调查归来后，调查组在1955年5月在呼和浩特市召开的蒙古语族语言科学讨论会上提出达斡尔语应划分为布特哈、齐齐哈尔和伊犁三个土语。第二次调查归来后，调查组在同年月12底召开的达斡尔语文工作会议上则提出了另一种意见，即把达斡尔语划分为布特哈、齐齐哈尔、海拉尔、新疆四个方言，并且在这次会议上通过了在布特哈方言纳文土语的基础上制定的达斡尔族文字方案。有些学者尤其是国外学者由于受语言材料的限制以及因诸种原因未能对达斡尔语做全面调查，不免会得出一些片面结论。这就出现了在方言或土语的划分区域和数量上的分歧。如波普先生的论著《蒙古语比较研究导论》中的达斡尔语主要依据海拉尔地区达斡尔人的口语材料，后来又通过间接的渠道接触到一部分齐齐哈尔达斡尔人的语言材料，他是根据这些有限的材料把达斡尔语划分为海拉尔、齐齐哈尔两个方言的。托达叶娃虽然亲自参加了我国20世纪50年代的蒙古语族诸语言的调查，但从她20世纪50

年代发表的调查成果来看，她调查涉及的材料也主要限于布特哈和齐齐哈尔两个地区，海拉尔地区达斡尔语言材料掌握很少，而尤其对新疆达斡尔语言材料更是不甚了解。国内的一些学者也是在未对各地区的达斡尔族的语言情况做实地调查和全面分析的情况下做出一些带有较多主观色彩的结论的。第三，对社会历史及文化变异的因素考虑与否：语言的分化是随着社会的分化而分化的，方言或土语的形成之背后确实有着深刻的社会历史和文化背景。上述分歧的存在还有一个重要的原因在于是否考虑或重视这些因素并以它们作为划分方言或土语的依据之一。达斡尔族自17世纪40年代迁入嫩江流域之后，最初形成了布特哈和齐齐哈尔两个聚居区。有些学者从这个历史背景出发，根据达斡尔族社会分化的过程及人口分布状况对语言分化情况做了相应的分析和划分。如方言说中的六分法，其方言区域与数量恰好与达斡尔族的社会历史、人口分布的大致情况相吻合。方言说中的四分法也基本上以此为基础。有些学者则不大考虑或重视这方面的因素，这就出现了区域不同与数量不等的划分法。

综上所述，我们提出以下几点看法：

1. 无论从语言结构上的分歧，语言功能的差异，还是从居住环境上的不同以及文化上的变异等方面来看各地达斡尔语之间的相互关系，都使我们必须承认一个客观事实，那就是现代达斡尔语确实存在着方言分歧。现代方言学理论和划分原则以及同语族，同语系乃至所有方言划分实践经验都足以佐证这个结论的科学性。

2. 依据达斡尔族人口分布格局并结合达斡尔族亚文化群体的历史发展，文化演变以及语言现状，将达斡尔语划分为布特哈、齐齐哈尔、海拉尔、新疆四个方言是比较切合实际的划分法。

3. 从各方言的发展历史来看，我们可以把它们之间的相互关系大致勾勒为：布特哈和齐齐哈尔这两个方言是达斡尔语基础方言，而海拉尔（由齐齐哈尔方言派生）、新疆（由布特哈方言派生）两个方言则是分别在前两个原生方言基础之上演变而成的衍生方言。

4. 根据以上论述，达斡尔语四个方言的区域划分，人口数量以及土语情况大致如下：布特哈方言主要分布范围是嫩江上游和讷莫尔河及诺敏河流域等地区，包括内蒙古自治区莫力达瓦达斡尔族自治旗，鄂伦春自治旗以及黑龙江省甘南县、讷河县、嫩江县、德都县和瑷珲县等地。使用人口约5万，下分讷莫尔、纳文、瑷珲、墨尔根四个土语。齐齐哈尔方言主要分布范围是黑龙江省齐齐哈尔市郊区、富裕县、龙江县、内蒙古自治区布特哈旗、阿荣旗等地区。使用人口约4.5万，下分江东、江西、富拉尔基三个土语。海拉尔方言主要分布范围是内蒙古自治区呼伦贝尔盟鄂温克自治旗南屯、白音塔拉、莫克尔图和海拉尔市。使用人口约1.5万，下分南屯和莫克尔两个土语。新疆方言主要分布在新疆维吾尔自治区塔城、霍城、乌鲁木齐等市、县。使用人口约5000，下分塔城、霍城两个土语。

三 各方言主要特点概述

1. 布特哈方言

布特哈方言是布特哈地区达斡尔人操用的达斡尔语，也是分布地域最广，使用人口较多的方言，约有5万人使用。主要分布范围包括嫩江上游的两岸地区及讷莫尔河、诺敏河流域，即今莫力达瓦达斡尔族自治旗、鄂伦春自治旗以及黑龙江省甘南县、讷河市、嫩江县、德都县和爱辉县等地。下分纳文、讷莫尔、墨尔根、爱辉四个土语。布特哈方言是达斡尔语基础方言。标准音纳文土语的语言结构特点表现为：复合元音较发达；保留有较多的古词和满语借词；体词有目标宾语和方向从格；动词缺少完成体形态等。达斡尔语记音符号是依据布特哈方言纳文土语的语音特点创制的。

2. 齐齐哈尔方言

齐齐方言主要分布在齐齐哈尔市郊区、龙江县、富裕县、内蒙古自治区扎兰屯市、阿荣旗等地，使用人口约5万，是仅次于布特哈方言的第二大方言。下分江东、江西、富拉尔基三个土语。齐齐哈尔方言有以下几个特点：出现了几个前化元音和后鼻音；受汉语影响而产生的几个舌尖后音相对稳定；动词有完整的体范畴；数词有约数词，而无分配数词；有较多的汉语借词及若干蒙古语东部方言词语等。

3. 海拉尔方言

海拉尔方言是原海拉尔达斡尔人所操的达斡尔语，主要分布在呼伦贝尔盟海拉尔市、鄂温克族自治旗南屯镇、莫克尔图、白音塔拉一带。使用人口约1.6万，下分南屯、莫克尔图两个土语。海拉尔方言的特点：舌根清擦音只出现在词中和词尾，词首形式消失；有较多的蒙古语借词；人称代词第三人称有以指示代词兼用现象，已不用或极少使用第三人称代词的固有形式；体词的领属范畴已不稳定等。

4. 新疆方言

新疆方言是新疆维吾尔自治区境内达斡尔人操用的达斡尔语，主要分布在塔城地区塔城市、伊犁地区霍尔果斯县、乌鲁木齐市等地。使用人口约0.7万。下分塔城、霍城两个土语。新疆方言的主要特征是：舌尖擦音浊化；出现了几个前元音和小舌音变体形式；有一定数量的哈萨克语借词和其他突厥语词语；体词的格不如布特哈、齐齐哈尔两个方言发达；名词复数附加成分有一些特殊的语音变体形式等。

以下方言词汇材料中，布特哈方言以纳文土语为例，齐齐哈尔方言以江东土语为例，海拉尔方言以莫克尔图土语为例，新疆方言以塔城土语为例。

第二节　方言词汇调查数据统计分析

近些年来，我们对达斡尔语四个方言区进行语言使用情况调查的同时，也进行了各方言结构异同的调查与初步分析。[①]我们根据3000条方言调查大纲的调查，在3000条词汇当中，粗略统计，四个方言间完全一致和基本一致的词汇约占50%，不同方言间交叉一致的约占15%，各不相同的约占15%。其余20%的词汇的情况较为复杂多元，有待核对和确认。以下基于以上调查所获语料进行举例性质的初步分析，相关细节问题有待后续补充完善。

一　完全一致的词汇

各方言间完全一致的词汇中，以基本词汇和常用词为主。如：

---

①　本调查基于国家社科基金重点项目及国家语委中国语言资源保护工程民语调研专项任务资金的支持进行。

天文地理	nar	太阳	xʷar	雨	pɑːn	冰雹
	aul	山	kal	火		
时间方位	ərin	时候	nitaːn	去年	putʰon	除夕
	təːr	上	tʷar	下		
动植物	nok	狗	kak	猪	unʲeː	牛
	ilkaː	花	əl	葱		
服饰饮食	makəl	帽子	saip	鞋子	tʰortʃʰ	扣子
	sɑrpʰ	筷子	taip	盖子		
身体医疗	nit	眼睛	mur	肩膀	ʃit	牙齿
	tʃʰikʰ	耳朵	kar	手		
人品称谓	ujin	女儿	təu	弟弟	kʰəkʰʷ	儿子
	omul	孙子	tʃəː	外甥		
动作行为	utʃ-	看	sons-	听	pai-	站
	sau-	坐	jau-	走		
性质状态	ortʰ	长	pəi	有	xol	远
	xɑr	黑	ərtʰ	早		
数量	nəkʰ	一	xoir	二	xor	二十
	kotʃʰ	三十	tʃau	一百		
指代	piː	我	ʃiː	你	tɑː	你们
	tʰər	他	pɑː	我们		
虚词	piʃin	不行	uwəi	没有	əreː	哎哟
	ənkleːr	慢慢地	atilj	同样的		

二　基本一致的词汇①

词义	齐齐哈尔	新疆	布特哈	海拉尔
蚂蚁	sʷakəltʃ	sʷalkaltʃ	sʷailin	suilkaltʃ

---

① 为显示其细微差异，各方言例均采用口语严式标音法。

蛇	mokʲ	mox	mokʷ	mokai
乡下	ailtʃɑ:	tal katʃər	ail tʰurs	ail katʃər
外孙	omulʲ	omul	nɑ:tʃəl omul	aneke: omul
稻子	xanna	kʰant	kʰans	xantam
野地	xəri katʃər	xur tʰal	xə:r tʰal	kə:r tʰɑ:l
白矾	kʰərsu:	kʰərzu:	kʰərsu:	kʰərsu:
虱子	pu:s	pu:z	pu:s	pə:s
鱼	tʃaks	tʃakuz	tʃaus	tʃaus
媒人	tʃautʃ	tʃautʃ tort	tʃautʃʰ	tʃautʃʰ
挑	jalk-	jaləx-	jalək-	jalək-
角儿	no:jin	no:jin	no:jin	no:
围裙	koʃe:	koʃe:	koʃe:	xoʃe:
清	kəkən	kəkən	kə:kən	kəkəxən
豌豆	pokor portʃo:	po kʰro:	pokʰro:	poxro:
早晨	ərt	pan ərt	panʲ	ərt

三　不同方言间交叉一致的词汇

（一）齐齐哈尔方言与新疆方言一致的词汇

词义	齐齐哈尔	新疆	布特哈	海拉尔
背	arkə:n	arkə:n	xʷainə arkʰən	arxən
扁担	tʃantʃ	tʃantʃ	tʃennj	tantʃə:
姑娘	ukun	ukun	ujin	ukin ku:
故事	urkul	urkul	urkil	urkəl
草原	kutə: tʰal	kutə: tʰal	xutə:	xutə: tʰɑ:l

（二）齐齐哈尔方言与布特哈方言一致的词汇

词义	齐齐哈尔	新疆	布特哈	海拉尔
倒	surə:-	kə:	surə:-	susrə:-

大	ʃik	ik	ʃik	ik
胖	putu:n	mjaxtʰi:	putu:n	mjaxtʰi:
多	para:n	pura:n	para:n	walən
线	ʃila:s	xila:z	ʃila:s	ila:s

（三）齐齐哈尔方言与海拉尔方言一致的词汇

词义	齐齐哈尔	新疆	布特哈	海拉尔
沙子	ʃiltʰar	ʃiptʰar	ʃirtʰa:l	ʃiltʰa:r
光	isa:n	kəkə:n	ila:n	isa:n
锤子	tʰokʃo:r	xalux	malluk^w	tʰokʃo:r
妈妈	məmə	əwə:	əwə:	mə:mə:
芦苇	xols	kʰolt	kʰols	xols

（四）新疆方言与布特哈方言一致的词汇

词义	齐齐哈尔	新疆	布特哈	海拉尔
凉	kuitun	kənsun	kənzən	kʰuitʰun
盐	xata:	kʰ（qʰ）atʰa:	kʰatʰa:	xatʰa:
拧	ʃir-	morkʰ	morkʰ	ʃir-
暖和	tula:n	tʷala: kʰən	tʷala: kʰən	tula:n
边儿	kʰətʃʰ	kʰətʃʰin	kʰətʃʰin	kʰətʃʰ

（五）新疆方言与海拉尔方言一致的词汇

词义	齐齐哈尔	新疆	布特哈	海拉尔
旱獭	talpuk^j	tʰarpək	tʰapsək	tʰarpək
柳条	parka:s	purka:s	parka:s	purka:s
母马	gəu mə:r	gəu	kəu morj	kəu
无能	bəsən uwəi	ʃadəl uwəi	pʰəl uwəi	ʃatəl uwəi
铅	tʰukna:	tʰuna:	tʰukna:	tʰuna:

（六）布特哈方言与海拉尔方言一致的词汇

词义	齐齐哈尔	新疆	布特哈	海拉尔
擦	ʃar	ʃax	ʃak	ʃak
孩子	itʃkər	kəukər	utʃʰkər	utʃʰkʰər
芦苇	xols	kʰolt	kʰols	xols
钉子	kjokəs	kipkoz	tʰipkʰəːs	tʰipkʰəːs
小	itʃʰ kʰən	itʃʰ kʰən	utʃkʰən	utʃʰkʰən

四　某个方言与其他方言不一致的词汇

（一）齐齐哈尔方言与其他三个方言不一致的词汇

词义	齐齐哈尔	新疆	布特哈	海拉尔
菜	saskən	nuka	nukaː	nukaː
影子	suitur	səutər	səutər	səutər
猫头鹰	umor	umil	umil	umil
刀	əntʃʰ	on tʃʰ	ontʃʰ	ontʃʰ
缰绳	ʃulpuːs	ʃolpuːr	ʃolpuːr	ʃolpuːr
鞭子	nimaː	minaː	minaː	minaː
妻弟	təu pənər	pənər	pənər	pənər
内弟	non pənər	pənər	pənər	pənər
趟	mutan	matən	matən	matən
原野	xər tʰal	tʰalʲ katʃər	tʰalʲ katʃir	tʰaːlʲ katʃər

（二）新疆方言与其他三个方言不一致的词汇

词义	新疆	齐齐哈尔	布特哈	海拉尔
煤油	katʃər toz	tʃʰoloː tʰoːs	tʃʰoloː tʰos	tʃʰoloː tʰoːs
饺子	poz	penʃ	penʃ	penʃ
嘴巴	xuntəl	am	am	am
桶	tʃonɣlo	tulmaː	tʰulmaː	tʰulmaː
木耳	tʃʰapʰərtʰ	pakʰərtʰ	pakʰərtʰ	pakʰərtʰ

蘑菇	pakʰərtʰ		mʷəkə:	mʷə:kə:	mʷə:kə:
彩虹	jatkən	tərkul	ʃa:rən	ʃe:rən	ʃe:rən
姑姑	naine:		ku:ku:	ku:ku:	ku:ku:
爷爷	sartʃa:		jə:jə:	jə:jə:	jə:jə:
奶奶	sartəwə:		naini:	thai tʰi:	thai tʰi:
姑娘	ka:tʰo:（ukən）	ukən		ujin	ukən ku:

（三）布特哈方言与其他三个方言不一致的词汇

词义	齐齐哈尔	新疆	布特哈	海拉尔
雕	mur təki:	mərtəx	mur	mur təki:
脏	patʃər	patʃər	laipər	patʃər
计划	potkən	potəx	potwla:r	potkən
颜料	podulj	bodur	tʃus	poto:r
文字	pithik	pithik	xərkən	pithik

（四）海拉尔方言与其他三个方言不一致的词汇

词义	齐齐哈尔	新疆	布特哈	海拉尔
姐姐	əkʰə:	əkʰə:	əkʰə:	tʃə:tʃə:
钱	tʃika:	tʃika:	tʃika:	tʃaus
首先	tur tʰan	tur tʰan	thur tʰa:n	porə tʰə:
第二	xoirtə:r	xoirta:r	xoirta:r	xoirtʷa:r
暂时	tak	tak	tak	warəkta:

五　各方言不一致的词汇

词义	齐齐哈尔	新疆	布特哈	海拉尔
祖父	utatʃ	sartʃa	sarte: utʰatʃʰ	jə:jə:
沟	jo:r	baq	tʃat	tʃalək
祖先	xotʃor	utatʃʰ	tə:r tʃalan	otʃor tətul
量	anla:-	alt-	xəməl-	kʰəntʃəl-
损坏	motakj	tʃakʰər-	matəl-	suit-

第三节　方言的语音变异

一　元音比较

达斡尔语四个方言的基本元音系统高度一致，在口语中，由短元音ɑ组成的单音节词，位于词首或首音节且在n、m、t、l等音前时均有前化倾向，但在布特哈方言和海拉尔方言中一般表现为临时前化为æ的语音流变现象，在新疆方言口语中ɑ前化为æ现象则比较突出且趋于稳定，而在齐齐哈尔方言口语中ɑ前化为æ的现象则已呈常态化。如：

词义	齐齐哈尔	新疆	布特哈	海拉尔
味道	ænth	æmt	ɑ（æ）mthən	ɑ（æ）nth
生命	æmj	æm	ɑ（æ）mj	ɑ（æ）mj
生活	æmjnɑ:-	æmthɑ:l-	ɑ（æ）mjnɑ:-	ɑ（æ）mthɑ:l-
梨（水果）	ælim	ælim	ɑ（æ）lim	ɑ（æ）lim
脾气	pænin	pænin	pɑ（æ）nin	pɑ（æ）nin

达斡尔语布特哈方言、海拉尔方言中的短元音o和长元音o:在齐齐哈尔方言中口语中有时读作œ，而在新疆方言中o和o:有时甚至读作近似ø音，但并不太稳定。如：

词义	齐齐哈尔	新疆	布特哈	海拉尔
马	mœrj	mør	morʲ	mor
羊	xœn	xøn	xonʲ	xon
拧	mœrkhj-	mørk kh-	morkhj-	morkʰʲ-
桌角	nœ:jin	nø:jin	no:jin	no:
年	xœ:n	xø:n	xo:n	xo:n

口语中，齐齐哈尔方言中的元音除布特哈方言中的6个长元音外还有另外3个长元音：æ:、œ:、y:。它们和其他方言（主要是布特哈、海拉尔方言）中的某些复合元音相对应。此外，齐齐哈尔方言中的长元音i:有时

同布特哈或海拉尔方言中的复合元音əi对应。①

　　新疆方言中一部分词第一音节的长元音不稳定或不太清晰，第二音节以后的长元音有弱化或基本趋于消失的现象。如：

词义	齐齐哈尔	新疆	布特哈	海拉尔
粪	pɑːs	pɑːz~paz	pɑːs	pɑːs
冷	tɑːr	tɑːr~tar	tɑːr	tɑːr
饭	patɑː	putɑː~puta	putɑː~patɑː	puta
线	ʃilɑːs	xilɑːz~xilaz	ʃilɑːs	ilɑːs
月亮	sɑruːl	sɑruːl~sɑrul	sɑruːl	sɑruːl

　　在达斡尔语各方言中，由于受到满汉语的长期影响下吸收了大量满汉语借词，也不同程度地借入了以下几个汉语音位，尤其是齐齐哈尔方言和布特哈方言中，这几个借词音位使用更为频繁。如（以布特哈方言为例）：

ɿ	tʃʰyntsɿ	裙子	liːtsɿ	李子	joːtsɿ	柚子
	sɿxoːl-	伺候	sɿmuː	字母		
ʅ ʅː	ʂʅtsʅ	柿子	tʂʅŋ tʂhə	政策	tjan ʂʅ	电视
	tʂʅŋtʂʅ	政治				
y	yji	雨衣	wəiyan	委员	iːyan	医院
	yanʃye	元帅	yeːpin	月饼		
yː	tʃyːtsɿ	橘子	tʃyːtun	火柴	yːʃiː	玉石
	tʃyː	侄子（女）				

　　上述借词音位曾经历了一个由固有元音替代，自由变读而后逐渐过渡到完全借用的发展过程。齐齐哈尔方言区的达斡尔族接触汉族及其文化历史较早，受汉文化的影响也相对来说比其他方言区的达斡尔族更深一些。在语言上吸收汉语借词的数量也较多，因此上述借词元音在齐齐哈尔方言的元音系位中显得更为普遍，更趋于稳定。而海拉尔地区和新疆地区的达斡尔族和汉族直接接触时间较布特哈地区及齐齐哈尔地区的达斡尔族晚一些，加上较早与蒙古族或突厥民族杂居或毗邻而居而深受这些民族语言及

---

　　① 参见欧南：乌珠尔《达斡尔语概论》，哈尔滨出版社2003年版，第28页。

其文化影响的缘故，上述汉语借词元音在这两个方言的元音系位中并不稳定，或仍处于一种过渡状态。

二　辅音比较

从调查材料看，四个方言的基本辅音音系系统也很一致，除了布特哈方言纳文土语音系中出现的六个借词辅音f、ŋ、ʦ、ʦʰ、ʧ、ʧʰ、ʂ外，主要差异表现在口语中腭化辅音与唇化辅音出现的频率上。另外，f和ŋ这两个辅音在不同的方言里表现情况也不尽相同。在齐齐哈尔方言中f也是一个借词辅音，但比起其他方言来它更为稳定，更为常见。f这个辅音在海拉尔和新疆方言中仍然表现为不稳定，一般多由pʰ或p来替代。ŋ在新疆方言中是很早就已经普遍使用并十分稳定的一个借词辅音音位。它甚至已经影响到一些固有词中n的发音。这可能是由于长期受突厥语尤其是哈萨克语中ŋ的影响和汉语新疆方言（或西北方言）中n与ŋ不分（均发作ŋ）的缘故。除f和ŋ两个借词辅音在布特哈方言中比较稳定以外，汉语中的ʧ、ʧʰ、ʂ、z、ʦ、ʦʰ等辅音在布特哈方言有时也由与其相接近的辅音替代。以上语音替代现象在新疆、海拉尔方言中也普遍存在着。而在齐齐哈尔方言区的达斡尔人口语中却普遍存在着固有音和汉语借词语音自由变读的现象，充分说明在这个方言区上述汉语辅音正处于一种过渡状态，它们有可能较其它方言区会更早地稳定于该方言的辅音系统中。

各方言间的辅音系统有不同的对应或变异现象，以下以较为突出的音变现象为例分述如下：

（一）新疆方言口语中词间词尾的z与其他方言的s相对应。如：

词义	齐齐哈尔	新疆	布特哈	海拉尔
雪	ʧʰas	ʧʰaz	ʧʰas	ʧʰas
冰	məis	məiz	məis	məis
水	os	oz	os	os
草	əus	əuz	əus	əus
席子	tərs	tərz	tərs	tərs
油	tʰos	tʰoz	tʰos	tʰos
血	ʧʰos	ʧʰoz	ʧʰos	ʧʰos

这种z-s对应现象也出现在构词或构形过程中。如：

新疆方言	布特哈方言	汉义
nʲompə（吐）+z=nʲompəz	nʲompə+s=nʲompəs	吐沫
nəmpə（盖）+z=nəmpəz	nəmpə+s=nəmpəs	被子
tala（补）+z=talaz	tala+s=talas	补丁
it（吃）+zən=itzən	it+sən=itsən	吃了
uʧ（看）+zən=uʧzən	uʧ+sən=uʧsən	看了

（二）新疆方言中某些出现在边音l和鼻音m、n等音后的舌尖中音t与其他方言的s等音对应，这种现象有时也出现在海拉尔方言中。如：

词义	齐齐哈尔	新疆	布特哈	海拉尔
麻	ols	olt	ols	ols
唾液	ʃils	ʃilt	ʃullʷ	ʃuls
汗	xuns	xult	xullə	kuls
铁锨	kʰulur	kʰultur	kʰulur	kʰultur
稻、（米）[①]	xannɑː	kʰɑnt	kʰɑns	xantɑːm

此类对应现象也出现于某些语法成分上。如新疆达斡尔语中的名词复数附加成分有-təl（tul）、-nər（nur）、-r等，其中-təl（tul）的使用范围最广，可泛用于表示人、动物、植物等物体的数，与其他方言的相应语法附加成分-sul相对应。如：

新疆方言	布特哈方言	汉义
akʰɑː（哥哥）+təl=akʰatəl	akʰɑː（哥哥）+sul=akʰɑːsul	哥哥们
moːt（木头）+təl=moːtəl	moːt（木头）+sul=moːtsul	树木
ukʰur（牛）+təl=ukʰurtəl	ukʰur（牛）+sul=ukʰursul	牛群
xirəː（桌子）+təl=xirəːtəl	xirəː（桌子）+sul=xirəːsul	桌子

（三）各方言中辅音kʰ—x—ʃ—w—（零形式）等音对应形式多样。其中，以x—x—x—Ø对应形式为最多。如：

词义	齐齐哈尔-x	新疆-x	布特哈-x	海拉尔-Ø
毛巾	xunk	xunk	xunkʷ	unk

---

① 该词似为早期汉语借词，参见胡增益《鄂伦春语研究》，民族出版社2001年版，第208页："kandy"稻子"及"旱稻"的音译。旱稻即陆稻，较水稻耐寒，可在旱地直接栽培。

星星	xot	xot	xot	ot
红	xulɑn	xulɑn	xulɑ:n	ulɑ:n
种子	xur	xur	xur	ur
紫	xələk	xələk	xələk	ələk

词义	齐齐哈尔-x	新疆-x	布特哈x-	海拉尔-k
轻	xunkj	xunkə:n	xunkə:n	kunkən
风	xi:n~xəin	xəin	xəin	kʰəin
汗	xuns	xult	xullə	kuls
缘分	xəskən	xəskən	xəsʷun	kʰəsʷun
怎么	xər	xər	xər	kʰər

词义	齐齐哈尔-x	新疆-k（q）	布特哈-k（Ø）	海拉尔-x
铁	xaso:	kʰazo:	kʰaso:	xaso:
剪子	xaitʃʰ	kʰaitʃʰ	kʰaitʃʰ	xaitʃʰ
鸡	xakhra	khakhra:	khakhra:	xaxra:
贵	xatʰu:	kʰatʰu:	kʰatʰu:	xwatʰi:
旧	xautʃʰin	kʰautʃʰin	kʰautʃʰin	xautʃʰin

词义	齐齐哈尔-x	新疆-（k）	布特哈-x（Ø）	海拉尔-Ø
牛	xukʰur	ukʰur	xukʰur	ukʰur
头	xək	ik	xəkj	ək
语言	xusukj	usuk	usukw	usuk
穗儿	xonək	konkʰ	xor	or

词义	齐齐哈尔-k	新疆-k（q）	布特哈-k	海拉尔-x（w）
铃	kʰwaŋartʰ	kʰwaŋartʰ	kʰwankɑ:rtʰ	xwankɑ:
韭菜	kwaks	kaler nuka	kʰale:r	xale:r
聋	kʰonko	kʰonko	kʰonko:	xonko:
套索	kʰwarəkʰ	kʰwarəkʰ	xʷark	warək

词义	齐齐哈尔-k	新疆-x	布特哈-x	海拉尔-k（x）
重	kʰunj	xunt	xunt	kʰuntu:
人	kʰu:	xu:	xu:	kʰu:
福气	koturʲ	xoturuʃuk	xotur	xutʰur

词义	齐齐哈尔-（Ø或x）	新疆-x	布特哈-x（Ø或其他形式）	海拉尔-（w）
巢	əur	xo:rə	xəur	əur
短	xuakərj	xuaqər	xwakʰər	wakʰər

词义	齐齐哈尔	新疆	布特哈	海拉尔
桨	xaləpj	ʃaləp	xalpj	xalp
高	untur	xuntur	xunnur	untur
害羞	ʃitʃʰəkʲ	xitʃʰpei	ʃitʃʰpei	ʃitʃʰpei
干净	arun	xaru:khun	aru:n	aru:kʰun

除以上各方言间的辅音对应及变异现象外，新疆达斡尔方言口语中还出现了qʰ、ɢ、ʁ、χ 4个小舌辅音。这4个小舌音同原有的4个舌根音呈整齐的互补分布关系，具体可描述为：/kʰ/包括kʰ、qʰ两个变体；/k/包括k、g、ɣ、ɢ四个变体；/x/包括x、χ两个变体。其中qʰ、ɢ、ʁ、χ出现于与元音ɑ、o等元音组成的音节中，χ、ɢ只出现于词首，qʰ只出现在词间或词尾；kʰ、k、ɣ、x只出现在与元音u、ə、i等元音组成的音节中，其中x、k只出现在词首，ɣ只出现在词间或词尾。[①]

达斡尔语布特哈方言纳文土语的重音一般固定地落在词的首音节上，其特点表现为无论是何种性质的元音，其发音均完全、清晰，但达斡尔语的重音没有区别词义的作用，不是独立的重音音位。由于重音一般都固定在词的首音节上，致使第一音节以后音节中的某些元音或辅音常出现弱化或在构词构形过程中脱落的现象。这在齐齐哈尔方言中表现比较突出，而在新疆方言中重音有一种趋于后移的现象。

---

① 参见丁石庆《新疆达斡尔语小舌音浅析》，《民族语文》1992年第5期。

第四节　方言的语法变异

在达斡尔语布特哈方言纳文土语中最常使用的名词复数附加成分主要有-sul、-nur、-ʧʰe:n、-r等四种，其中，-sul是使用最广泛的复数附加成分。它可以附加于表示人或物的名词之后。-nur一般只用于表示人或拟人化的事物的名词之后。-ʧʰe:n具有构词和构形的双重功能，附加了-ʧʰe:n的词既可表示人的集合体，同时又表示复数。有时，-ʧʰe:n只表示复数，没有构词的作用。上述复数附加成分，还可以重叠使用。重叠的次序一般是-nur后可重叠使用-r, -sul，但在-sul之后则不能重叠使用-nu r, -r。

在达斡尔语各方言中，上述复数附加成分的语音形式和语法功能基本一致。只有新疆方言稍有差异，表现在其他方言的复数附加成分-sul, -nur在该方言里的变异为-təl（-tul）, -nər（-nur）; -ʧʰe:n表示复数的语法功能弱化，而主要起构词作用；在重叠使用的复数附加成分中，-nər（-nur）和-təl（-tul）重叠使用的现象几乎不存在。

各方言名词的附加成分及其语法功能基本相同。只在个别格的语音形式上略有变异。此外，布特哈方言里存在一种其他方言所没有的目标宾格，其构成方式是在普通宾格附加成分前附加-ma及-maji:构成。它用以表示动词所及客体的某一部分，在句中做直接宾语。新疆方言里没有布特哈等方言里所存在的方面从格范畴，与此相应的是一般从格的替代形式。

各方言的性质形容词都有表示性质特征的强化或弱化形式，在布特哈和齐齐哈尔等方言中由-ʧʰir（-ʧʰirə:）（齐齐哈尔方言中为-ʧʰə:r, -kʰən, -lpin等）等构成，而在新疆方言里只有-ʧʰirə:一种形式。

各方言的代词在语音上的差异主要表现在物主代词的某些格的语法形式上。在海拉尔方言里，人称代词的包括式和排除式之别已消失；in（他）和a:n（他们）也趋于消失，而代之以指示代词。齐齐哈尔方言里没有其他方言里人称代词与位格形式的na:t，而只有namt或namæt；而共同格形式是-namatʰii, -xama:tʰii, -jama:tʰii等，而没有布特哈等方言里-namtʰii, -xamtʰii, -jamtʰii等。

各方言的数词基本一致。只在概数词上略有不同。布特哈、齐齐哈尔方言中有xəːt以外，ʧʰakʰəːn，xuluː等也可与十位数以上的基数词组合表示概数。新疆方言里只有xət一种表示概数的词。

陈述式过去时后缀-sən在新疆方言第一人称单数做主语的句子里省略，布特哈、齐齐哈尔方言中则保留。祈使式第二人称复数附加成分在布特哈方言、新疆、海拉尔方言里常用-kɑːtʰeː/-kəːtʰeː，而在齐齐哈尔方言里则没有这种形式。齐齐哈尔方言和海拉尔方言经常使用的动词完成体附加成分-ʧʰikʰ（海拉尔方言为-ʧʰikʰ）而在布特哈和新疆方言里几乎不用这个附加成分，一般是用前动词加助动词的分析形式来表示动词完成体的意义。

此外，各方言中动词的各种语法成分在语法形式有不同的变异对应形式。如以陈述式现在将来时第一人称附加成分为例，在布特哈和新疆方言里主要使用-wəi或-w，而在齐齐哈尔方言里使用-ppi，ppɑː，在海拉尔方言里使用-wəiəi，-wpɑː，wəipɑː等。

各方言中类似的语音变异形式在语法功能上没有什么区别，故在此不赘。

第九章　文字

　　文字是人类社会发展到一定阶段的产物，它是人类文明的成果，是特定历史时期的文化现象。可以说，自从有了文字，人类历史才开始进入一个真正的文明时代。从这个意义上说，文字本身就是一种文化现象，有无文字也在某种程度上对一种语言甚至一种文化来说十分重要。

　　在世界民族发展史上，有一些无文字史的民族在其历史发展进程中，由于种种原因在与其他邻近民族发生接触、交往的过程中，通过对这些民族使用的文字形式的借用、改造加工或在此基础上的再创造，使本民族文化一改过去口耳相传的历史而得以部分地依托于书面形式传承和发展。如仅以东南亚"汉字文化圈"为例，汉字经过数千年的发展和演变，经历了扩大和缩小的巨大波动，形成了一个包含几十种语言的"汉字文化圈"：汉字传到朝鲜和日本，演变成汉字式的字母。日本使用汉语文言500年之后，创造"假名"，又过了1000年，"假名"成为跟文字混合使用中的主要成分。朝鲜使用汉语文言文1000年之后，创造"谚文"，又过了500年，"谚文"成为跟汉字混合使用中的主要成分。早在秦汉时代，汉字就传到了越南。到唐宋时代开始越南人借用汉字书写自己的语言。越南把汉字称为"喃字"或"儒字"（字儒，即儒家的文字）。汉语汉字在很长的时间里是越南的正式文字。而在我国境内的少数民族历史上也曾利用汉文或其他民族文字创制文字，如汉字传播到中国南方和西南的非汉语民族中，演变出了"壮字""苗字""瑶字""布依字""侗字""白字""哈尼字"等"词符文字"。在宋代，汉字传到北方的契丹、女真、西夏等民族中，形成了契丹文、女真文、西夏文等，并成为了辽金夏三国的朝廷文字，推行长达300年之久。这些文字经过历史演变有些还在使用，有些已经销声匿迹，但它们在历史上的作用却不容抹杀。

　　清代达斡尔族使用的一种在满文字母基础上形成的"达呼尔文"也是

一种借源文字。①有清一代，达斡尔族使用这种文字拉开了本民族教育及达斡尔语—满语双语教育的帷幕，为达斡尔族培养了一批又一批双语双文化人，他们实际上最终都成长为了达斡尔族文化进程中不可或缺的关键人物。这些人物大致可分为两类，一类为兼通满、汉等语言的知识分子，这部分人在达斡尔族的文化教育史上具有不可磨灭的贡献。另一类是一部分兼通满、汉等语言的作家、诗人等艺术家们，他们通过这种文字形式记录了大量的达斡尔民间民间文学作品，同时用这种文字形式创作了大量的文学作品，开创了达斡尔族的书面文学历史，为后人留下了弥足珍贵的文化遗产。"他山之石，可以攻玉"，清代达斡尔族知识分子正是利用"达呼尔文"这种文字形式开创了达斡尔族一代教育先河，并在此基础上传承发展了达斡尔族母语文化。可以说，满文及其在满文基础上形成的"达呼尔文"在达斡尔族文化进程中功不可没。

第一节　关于清代"达呼尔文"

一　清代"达呼尔文"述略

有清一代，达斡尔族曾经使用过一种采用满文字母音写达斡尔语的文字形式。据目前的资料和研究成果证实，首先将这种文字形式称为"达呼尔文"的是达斡尔族近代杰出的思想家和教育家、内蒙古地区民族民主革命的先驱者郭道甫先生，他曾在其所著《呼伦贝尔问题》一书中说道："至于昌芝田先生，蒙古名为阿拉布坦，他是呼伦贝尔的达呼尔人，也是创造达呼尔蒙古文学的第一个人；他不但精通汉蒙各种文学，并且效法陶渊明苏东坡等清高人物，免冠隐居，终身以翰墨自娱；他的诗词歌赋等作品很多，并有游记数种；大半都以满文和达呼尔文做的。他那作品的自然和清逸，即便在整个清代文学史上，也能占很高的位置，不过没有人赏识罢了；可是呼伦贝尔的蒙古人民，和布特哈的蒙古人民，虽夫人孺子，都

---

① 这种文字形式的借源轨迹可大致勾勒如下：塞姆字母阿拉马系—叙利亚字母—粟特文—回鹘文—蒙古文—满文—"达呼尔文"。

能应口习诵他的诗歌，并且都能称他为文学宗师。"①而据目前的资料以及有关研究成果，郭道甫先生所说的这位曾采用所谓的"达呼尔文"进行文学创作的人即是历史上最早将这种文字用来音写达斡尔语的达斡尔人之一。

敖拉·昌兴（1809—1885）系达斡尔族敖拉氏多金莫昆人，名阿拉布丹拉布坦，学名昌兴（又"常兴"），字治田（又译作芝田）。出生于现内蒙古呼伦贝尔市鄂温克族自治旗南屯。有呼伦贝尔文士之称，后人称其为"阿·乌塔齐"。②敖拉·昌兴是清代第一位进行系统的书面文学创作活动的达斡尔族杰出的爱国文人。其自幼爱好文学艺术，精通满、汉、蒙古等多种语言文字。一生创作了大量文学作品，尤以诗歌为长，其中大部分是用满文或"达呼尔文"创作的。如其成名作《京路记》及《依仁堂记》等即是用满文创作的。而他大量的作品仍是用"达呼尔文"创作的。据有关资料表明，他用所谓的"达呼尔文"进行文学创作活动长达半个世纪之多，直至仙逝。其著作颇丰，涉猎的文学题材有诗词、乌春③、歌谣、散文、游记等，现传世的有百余篇。最早用"达呼尔文"创作的文学作品是道光十四年（1834年）的《祭祀歌》，时年25岁。其代表作为咸丰元年（1851年）创作的著名的游记《额尔古纳格尔必齐及乌第河巡查记》，游记为诗歌体，全诗共340行。诗中记录和详尽地描述了1851年其奉命巡边和沿途见闻，真挚地表达了作者对自己的家乡和祖国的无限热爱及深厚的感情。

对达斡尔族历史上曾使用过的这种文字形式予以关注并加以详细研究的学者首推内蒙古大学的达斡尔族教授恩和巴图先生。他在诸篇文章中都专门谈到了这种文字形式，曾先后称这种文字形式为"满文字母的达斡尔文"④"19世纪达斡尔人使用的文字"⑤"满文字母的达呼尔文"⑥"达呼

①　郭道甫：《呼伦贝尔问题》，转引自《达斡尔资料集》编辑委员会、全国少数民族古籍整理研究室编《达斡尔资料集》，民族出版社1996年版，第307页。

②　"乌塔齐"系达斡尔语"爷爷""祖先""祖宗"等义，也是达斡尔人对德高望重的老人的一种尊称。

③　达斡尔族民间一种叙事长诗形式。

④　恩和巴图：《谈满文字母的达斡尔文》，《民族语文》1994年第2期。

⑤　恩和巴图：《谈满文字母的达斡尔文》，《民族语文》1994年第2期。

⑥　恩和巴图：《郭道甫先生与满文字母的"达呼尔文"》，内蒙古达斡尔学会：《达斡尔族研究》（C）（第五辑），呼和浩特1996年版。

尔文"①等，将其科学地定位于"是一种音写达斡尔语的文字形式"，并认为达斡尔族历史上曾经使用过这种文字形式开展教育和书面文学创作，积累了一定的文学及其他文化遗产。恩和巴图先生将其最后确称为"达呼尔文"，一方面坚持了历史原则和态度，即承袭历史上某些达斡尔族知识分子曾使用过的称呼；另一方面则是为了更突出这种文字形式的独立性以及在达斡尔族文化发展进程中所具有的特殊地位。2001年，那顺达来先生编写的《汉达词典》问世，这是一本汉语和"达呼尔文"相对照的词典。同年，恩和巴图先生有关"达呼尔文"的研究成果之一——《清代"达呼尔文"文献研究》②出版。此后，丁石庆发表了《论清代"达呼尔文"的历史文化价值》③、《清代达斡尔族书面文学语言与满族文化》④等论文，并在其博士论文《双语族群语言文化的调适与重构——达斡尔族个案研究》中也有专题研究。另外，郭蕊博士也发表了《试论清代"达呼尔文"的文字性质》⑤，并完成了《清代"达呼尔文"研究》⑥的博士学位论文。标志着"达呼尔文"的研究进入了一个新的阶段。

根据恩和巴图先生的研究，满文字母的达斡尔文的产生主要有以下几个原因：满文属拼音文字，容易掌握和学习；满文字母比较适于达斡尔语的拼写，6个元音字母和20多个辅音字母足以记录达斡尔语的全部语音系统；达海改进的新满文，即现在的有圈点的满文比以往更能够表现达斡尔语言系统；满文所用来拼写汉语借词的10个特定字母，也解决了达斡尔语中汉语借词的拼写问题；满语与达斡尔语同属阿尔泰语系，在发生学上本身就有许多渊源关系，一方面有许多共同词，另外达斡尔语从满语中也借入了大量的借词，这为用满文字母拼写达斡尔语创造了更多的便利。由于上述原因，满文字母的"达呼尔文"也就很快地在达斡尔人尤其是达斡尔文人中流行开来。⑦根据有关研究成果，19世纪的满文字母的达斡尔文

---

① 恩和巴图：《清代达斡尔人使用的一种文字—达呼尔文》，《莫力达瓦达斡尔族自治旗达斡尔学会会刊》1997年第5期。

② 恩和巴图：《清代"达呼尔文"文献研究》，内蒙古大学出版社2001年版。

③ 丁石庆：《论清代"达呼尔文"的历史文化价值》，《黑龙江民族丛刊》2001年第3期。

④ 丁石庆：《清代达斡尔族书面文学语言与满族文化》，《满族研究》2005年第4期。

⑤ 郭蕊：《试论清代"达呼尔文"的文字性质》，《满族研究》2006年第2期。

⑥ 郭蕊《清代"达呼尔文"研究》，博士学位论文，中央民族大学研究生院，2007年。

⑦ 恩和巴图：《关于达斡尔语满文拼写法》，载《内蒙古大学学报》（蒙文版）1994年第2期。

无论在单词拼写上，还是在拼写词形变化方面，都已经趋于成熟。如从词的拼写上来看，1883年至1892年达斡尔人顺泰编纂的《满汉达呼尔合璧词典》（manju nikan taʰur kamciʰa puleku pitʰe）中只有极少数的单词在拼写形式上出现了不同的拼写形式，大多数词的拼写法已经趋于固定。词形变化方面的拼写形式也同样如任何一种文字的产生、发展、使用或借用等都有其一定的社会文化根基和土壤，古今中外，无论是自源文字，还是借源文字概莫能外。"达呼尔文"的形成和清代达斡尔族与满族的历史接触和文化交往密不可分。或者换句话说，没有满达历史上密切的民族关系史也就没有"达呼尔文"这种文字形式。达斡尔族与满族贵族统治阶级之间的接触和交往过程大致上可分为几个阶段，即冲突阶段、缓和阶段以及影响阶段。而达斡尔族与满族民间老百姓之间的接触和交往则主要是在达斡尔族自17世纪南迁至嫩江流域以后具有了普泛性质的。而达斡尔族在经历了文化冲突、彼此关系得以缓解而进入了相互影响的阶段之后，则广泛接受了满族文化的全面影响和渗透。①

达斡尔族地区满文学堂以及满文私塾的出现拉开了达斡尔族的启蒙教育与满达双语教育的帷幕，而"达呼尔文"这种文字形式借助于此而得以逐渐推广和普及。从17世纪以来达斡尔人学习和使用满文满语长达三个世纪之多，有清一代，达斡尔地区形成了普遍的满达双语现象，这为满语满文和"达呼尔文"的普及和发展提供了多元基础。②

达斡尔族地区施行教育最早开始于清康熙年间。康熙三十四年（1695年）因黑龙江将军萨布素的提出在墨尔根城设立了义学堂的设学倡议，被清廷所采纳："礼部议复，黑龙江将军萨布素等疏言，墨尔根地方两翼，应各立学，设教官一员，新满洲诸佐领下，每岁各选幼童一名，教习书艺，应如所请。从之。"③此后，黑龙江将军衙门所在地墨尔根城设立了八旗学堂，达斡尔族子弟自此有了接受教育的机会。起初只是为数有限的官员和旗人的子弟才能入学，随着官设学堂的不断增加，达斡尔族学员也略有增加。后来由于这种教育设施不能满足需要，各达斡尔族地区乡村纷纷办起私塾，集资聘请教授满文的教师。使大量的达斡尔族子弟均获得了

① 丁石庆：《清代达斡尔族与满族民族关系述略》，载《满族研究》1992年第1期。
② 参见丁石庆《清代达斡尔族满达双语现象形成的多元基础》，载《满语研究》1993年第1期。
③ 《清圣祖实录》卷166。

接受教育的机会。当时，清朝贵族施行的是国语—满语教育，在八旗学堂里教授的主要是满语满文，而采用的教材大多是用满文校译的汉语史书经典、文学名篇，如《三字经》《千字文》《四书五经》《名贤集》《圣谕广训》《列国志》《诗经》《通鉴纲目》等。尽管后来随着满族贵族统治的衰亡，以及满文国语地位的逐渐衰退，兼通满语满文人才逐渐减少，以及汉文学校的兴办，使满语满文以及后来"达呼尔文"的推行和普及都受到了很大的影响，但满文学堂、满文私塾这种性质的教育形式在达斡尔族地区一直延续到20世纪30年代初期，有些地方则晚至40年代中期。

　　精通满、汉等多种语言文字的达斡尔文人则在"达呼尔文"的推行和普及中起到了推波助澜的作用。根据有关资料及研究证实，继敖拉·昌兴之后用"达呼尔文"进行文学创作的达斡尔文人有玛孟起、钦同普、孟希舜等人。玛孟起又名玛玛格奇，1840年生，卒年不详。其流传至今的作品只有两部长诗：一部是《在齐齐哈尔看戏》，另一部是《赴甘珠尔庙会》。前一部创作于同治十三年（1874年），正文272行，是一部长篇叙事诗。诗中描绘了19世纪70年代齐齐哈尔城集市的繁荣景象，其中重点勾画了参加逛庙会的一位贵族美女。后一部也是一部长达325行的长篇叙事诗。诗中形象地叙述了达斡尔人赶赴庙会的情景。作品充满了乡土气息，并朗朗上口，深受广大达斡尔百姓的喜爱和传唱。继玛孟起后出现了达斡尔族近代著名诗人钦同普，又名乌尔恭博（1880—1938年）。他自幼勤奋，自学成材。他精通满、汉文。以汉文著有历史著作《达呼尔民族志稿》一书。是继敖拉昌兴之后又一位用"达呼尔文"进行创作活动的著名诗人。其创作的作品较多，其中，《耕田赋》《读书篇》《渔歌》《伐木谣》《色戒》《财戒》《气戒》等据有关专家们鉴定是其代表作。由于其出身贫寒，生活在农村贫民之底层，深知人民群众的生活疾苦，因此，作品大多反映的是农村生活，具有极强的群众性，因而其作品也颇受广大民众的喜爱。达斡尔族民间广泛流传着其作品的"达呼尔文"的手抄本形式。这一方面使其作品得以流传至今，同时为"达呼尔文"的广为传播和普及创造了良好的条件。从其作品的拼写形式上来看，拼写形式也得到大大的改进。达斡尔族著名学者、教育家、书法家和社会活动家孟希舜先生在收集整理达斡尔语古籍文献资料方面做了大量的工作。他任莫力达瓦旗旗长期间利用业余时间下乡收集整理了许多用"达呼尔文"写成的民间文学作品，其中以诗歌为多。如《达斡尔族传统诗歌集》一书收入的作品有敖拉昌兴、玛孟起、布库高勒、钦同普以及一些佚名作者的作品42篇。其中满文作品7篇，"达呼尔文"作品35篇，还有两篇孟希舜先生的遗作。另外，孟氏还著有历史著作《莫力达瓦达斡尔族志略初稿》。这部书稿全面系统地考证了达斡尔族族源、历史沿革、文化教育、宗教信仰、生产与生活方式、风俗习惯等，为中华人民共和国建国初期达斡尔民族的确认和研究提供了全面科学的参考依据。据调查资料表明，在清代，"达呼尔文"主要用于记载有关本民族的历史事件，修辑各哈拉和莫昆族谱，绘制达斡尔族官兵巡逻驻防路线图，搜集摘录满文奏折、公文等档案。由于这种文字形式在达斡尔族地区一直沿袭很久，因此，"甚至在农村，半数以上的老人能够阅读和书写满文……他们能够用满文写下来，保留他们的传说。"[①]

二　"达呼尔文"的科学界定

（一）"达呼尔文"是一种借源文字形式

"自己独立地形成的文字称为自源文字，而借用其他的文字体系，加以改造，使之成为一种新的文字体系，称为借源文字，这是一种再创造的文字。"[②]"达呼尔文"即是清代中后期在满文字母基础上形成，并在达斡尔族民间广泛用于音写达斡尔语的借源文字。

有清一代，尤其是清中后期，达斡尔族地区满文学堂以及满文私塾的出现拉开了达斡尔族的学校教育与满语文、达斡尔语双语教育的帷幕，为"达呼尔文"这种文字形式的形成奠定了社会文化基础，也为达斡尔族培养了一批又一批双语双文化人。这些人物在达斡尔族的文化教育史上具有不可磨灭的贡献。他们通过这种文字形式记录并创作了大量的文学作品，开创了达斡尔族的书面文学历史，为后人留下了弥足珍贵的文化遗产。

总之，历史上，许多精通满、汉等多种语言文字的达斡尔文人曾经使用过这种文字形式开展教育和书面文学创作，积累了一定的文学及其他文

---

① ［日］田中幸子：《中国北方少数民族的民族关系和文化复合》，载《内蒙古社会科学》，1989年第1期。

② 许通锵：《基础语言学教程》，北京大学出版社2001年版，第381页。

化遗产，并在"达呼尔文"的推行和普及中起到了推波助澜的作用。

（二）"达呼尔文"是一种拼音文字形式

正如前文恩和巴图先生所述，满语与达斡尔语同属阿尔泰语系，在发生学上就有渊源关系，本身就有许多同源词，达斡尔语从满语中也借入了大量的词语，这为用满文字母拼写达斡尔语提供了更多的便利。由于上述原因，满文字母的"达呼尔文"也就很快地在达斡尔人尤其是达斡尔文人中流行开来。[①]根据有关研究成果，19世纪的满文字母的"达呼尔文"无论在单词拼写上，还是在拼写词形变化方面，都已经趋于成熟。大多数词的拼写法已经趋于固定，词形变化方面的拼写形式也同样如此。[②]

（三）"达呼尔文"与满文比较

"达呼尔文"与满文字母书写形式基本相同，六个单元音音位各有独立、词首、词中、词尾四种书写形式。为避免拼写上出现混淆，个别元音的词尾形式有两种变体形式。此外，"达呼尔文"通过双写单元音的形式表示长元音，并分独立和词中两种形式。复合元音也分独立和词中拼写形式。因达斡尔语与满语辅音系统基本一致，辅音的拼写上基本按照满文形式拼写。满文用来拼写汉语借词的10个特定字母，也解决了达斡尔语中汉语借词的拼写问题。

（四）"达呼尔文"正字法

"达呼尔文"以一音一字的原则，借用满文字母根据达斡尔语的实际读音进行拼写。同时考虑到其黏着语的特点，根据词的构词规律进行拼写，在词形变化时尽量保持词干的原有统一形式。由于借入了大量满语词汇，"达呼尔文"中存在大量与满文同形且同义的词语。此外，满文字母源于回鹘式蒙古文，而达斡尔语中又有几近半数的词语与蒙古语相同，因此，在借满文拼写达斡尔语后会出现词形、词义与蒙古文相同或相似的情况。

---

① 恩和巴图：《关于达斡尔语满文拼写法》，《内蒙古大学学报》（蒙文版）1994年第2期。
② 恩和巴图：《满达词典研究》，《满语研究》1994年第2期。

（五）"达呼尔文"的应用

据调查资料表明，在清代，"达呼尔文"除了部分文人用于文学作品的创作和著述外，还用于记载有关本民族的历史事件，修辑各哈拉和莫昆族谱，绘制达斡尔族官兵巡逻驻防路线图，搜集摘录满文奏折、公文等档案。由于这种文字形式在达斡尔族地区一直沿袭很久，因此，至今仍有部分年龄较大的人熟悉并使用它。至今，达斡尔族民间家谱的续写、碑文等仍在部分沿用这种文字形式。

有清一代，"达呼尔文"确实在达斡尔族的历史和文化进程中起到了十分重要的作用，概言之，主要表现在以下几个方面：

首先，"达呼尔文"的使用使达斡尔族从此结束了无文字的历史，使达斡尔文化可部分地通过文字形式来沿袭、发展，从而大大地降低了母语文化传承过程中的失真度。可以说，这种文字形式的产生和发展极大地促进了达斡尔族文化的进程。而后来这种文字由于各种原因的失传，使达斡尔族传统文化出现了文言的断裂现象，也多少对现代达斡尔族文化的发展产生了一定的影响。

其次，通过"达呼尔文"及其教育方式为提高整个民族的文化素质打下了一个坚实的基础。清代达斡尔人在学习满文和"达呼尔文"的基础之上形成的达满双语现象为达斡尔族拉开了启蒙教育及双语教育的序幕。"达呼尔文"的使用过程大致上经历了单语单文教育（即满语满文）阶段——双语单文教育（即达斡尔语—满语满文）阶段——双语双文教育（即满语与满文、达斡尔语"与达呼尔文"）—单语单文教育（即达斡尔语与"达呼尔文"）等几个阶段，而最后形成的单语单文教育则有其深厚的文化底蕴和群众基础。

第三，"达呼尔文"，一方面提供了人们社会生活的便利，即可作为人们用于记录人们日常生活与社会生活方方面面的工具，同时在一定程度上也促进了达斡尔语的进一步规范和健康发展。清代"达呼尔文"所记载的大量达斡尔语文献是我们研究清代达斡尔语言特征不可多得的重要资料。

第四，在满文的基础上形成的"达呼尔文"在很大程度上为收集、记录、保留达斡尔文化遗产方面奠定了良好的基础。使得一部分用母语撰写和记录的大量达斡尔族文化典籍文献得以传世，为今天的达斡尔人所继承，也使后人能够由这些古籍文献进一步了解达斡尔族及其文化历史。

第五，"达呼尔文"为达斡尔书面文学（作家文学）的出现奠定了基础。正是这种文字的出现和使用，才使得我们今天可以欣赏到某些清代达斡尔文人们的文学作品，也使达斡尔族较早地开始受到满汉书面文学的熏陶和浸染。

最后，"达呼尔文"构筑了达斡尔文化与满汉文化之间的桥梁，随着这种文字的出现，满汉文化也得以在达斡尔族中广泛传播，这在很大程度上开阔了达斡尔人的文化视野，或者说，达斡尔人通过满文开阔了文化视野，并通过其构筑了达斡尔族与满汉文化交流的桥梁。在某种程度上，"达呼尔文"反映了达斡尔人对满文的认同及对满族文化的认同。[1]

"达呼尔文"以其雄厚的群众性和民族文化基础仍在达斡尔族地区的一些场合下使用，达斡尔族民间早已经将这种文字看作是代表自己传统文化的一种文字形式，他们自觉地使用着这种文字，并对其产生了深厚的认同感和崇尚感。这不仅可促进我们目前对推行新的达斡尔民族文字受挫原因的思考，也给我国其他民族文字的推行和普及工作带来许多启示。

第二节　达斡尔人创制的几种文字

中华民国时期达斡尔人创制的几种文字如下。

一　郭氏达斡尔文字方案

郭道甫于1920年用拉丁字母创制的达斡尔文。有25个字母：A、P、C、T、E、F、G、H、I、J、K、L、M、N、O、P、Q、R、S、T、U、W、X、Y、Z。其中用字母J、Q、S分别表示达斡尔语的辅音j、q、x；用C、X分别表示达斡尔语的辅音s、ng，其余大部分字母的读音与拉丁字母相同或相近。起初没有规定关于长元音的拼写方法，后来决定以连写两个元音字母的方法拼写长元音。名词格的词缀同词干连写，而领属词缀则同词干分写。20世纪二三十年代在海拉尔、齐齐哈尔和布特哈等达斡尔族地

---

①　丁石庆：《清代达斡尔族与满族民族关系述略》，载《满族研究》1992年第1期。

区都有推行该文字的活动，收到了一定的效果，产生了一定的影响。以下为文字描写范例：

penteji kicex hartarga mini

pelpetei ilga turuntei

pejix hotonto iqigutu sini

pelge samta pariya

二　德氏达斡尔文字方案

德古来于1928年用拉丁字母创制的达斡尔文，该方案是对拉丁字母形式及其读音稍加改变而成的。其字母如下：a、p、c、t、[e]、e、f、G、g、J、h、i、j、k、l、m、n、o、p、q、r、s、t、u、w、y、z，共27个字母。在该文字方案中，用字母[e]、e分别表示达斡尔语的元音e和ê，用字母G、g、J分别表示达斡尔语阳性词、阴性词词首和词中的辅音g，用字母q、s、z分别表示达斡尔语的q、x、ng三个辅音。他还据此编写了《达斡尔文字课本》，并在日本东京印制成册带回国内，教学推广。以下为文字拼写样品：

…utisi ore heiz uwei tomak[e]z cuni

polc[e]z aji uq[e]kqi mettezuwei pe.

gat taricez cuccu moto nemeinowaz

mukulekez polji ujurin gajirttoccez pac pei.

三　钦氏达斡尔文字方案

钦同甫于1916年用俄文字母创制的达斡尔文。有32个字母，其中元音字母10个：А、Э、О、У、И、Я、Ъ、i、Ю；辅音字母18个：Ъ、П、В、Ф、Т、Д、К、Г、Х、Ш、С、Ц、Ж、Ч、Л、М、Н、Р；用于词末的字母有4个：Ы、ь、Ъ、Й。关于该文字目前只有数张图片资料，其中只有字母表和一些单词，无任何文字说明。俄文字母的达斡尔文曾在布特哈地区推行，产生了一定的影响。

四 沃氏达斡尔文字方案

沃文德于20世纪30年代中期创制了达斡尔文字方案。字母27个，其中元音字母6个、辅音字母21个。文字符号既不是拉丁文字母，也不是斯拉夫文字母，属独创的字母。沃氏曾在其任教的全和太小学高年级试教其创制的达斡尔文，效果良好，后因日伪统治者的限制，中止了教习推广。

第三节　达斡尔语拼音方案

一 达斡尔文文字方案

根据中央有关部门的指示，在内蒙古自治区党委和政府的直接领导下，1957年初设立了内蒙古自治区人民政府下设的为创制和推行达斡尔文字而设立的业务部门——达斡尔文字工作委员会，系在内蒙古、黑龙江、新疆三省区范围内进行有关创制和推行达斡尔文文字事宜的厅局级单位。主任郭文通，副主任乌如喜业勒图、蒙和、卜林，共有17名委员。其工作人员由内蒙古和黑龙江两地抽调组成。该委员会成立以后，为贯彻1956年全国少数民族科学讨论会及当年12月在呼和浩特召开的有内蒙古、黑龙江和新疆三地代表参加的、达斡尔语文科学讨论会所通过的创制并推行以斯拉夫字母为文字形式，布特哈方言为基础方言，以纳音为标准音的达斡尔文字方案，积极地进行了各项准备工作。在内蒙古和黑龙江进行了文字的试教工作，总结了经验。编写出版了达斡尔文的识字课本和达斡尔文正字法初稿及参考读物数本，发行了《达斡尔语文》通讯。并举办了达斡尔文字训练班。1958年停止创立文字工作后，机构撤销。该文字方案由基里尔字母（即俄文字母）为基础制定，有32个字母：Аа、Бб、Вв、Гг、Дд、Ее、Ёё、Жж、Зз、Ии、Йй、Кк、Лл、Мм、Нн、Оо、Пп、Рр、Сс、Тт、Уу、Фф、Хх、Цц、Чч、Шш、Ъъ、Ыы、Ьь、Ээ、Юю、Яя。曾经制定其正写法，编写了教科书和阅读材料，并在内蒙古和黑龙江等地试教。1958年停止推行。

文字拼写样品如下：

Балгы　арса　бээлийминь　шируун　элж，Баргаасы　ларчидынь

тоочсонше!　Хунгуй　арса бээлийминь　шируун　элж, Холсой гэсуудынь　тоочсонше!

二　《达斡尔语记音符号》

这是以汉语拼音方案为基础制定的，用来记录达斡尔语口语、搜集整理民族文化遗产以及相关学术研究中使用的拉丁拼音符号。其参照汉语拼音方案，以布特哈方言纳文土语语音为基础创制。记音符号包括26个拉丁字母。内蒙古自治区达斡尔历史语言文学学会理事会1981年3月2日讨论通过了《达斡尔语记音符号方案》。该方案介绍了元音、辅音、元音和谐规则、不清楚元音、双辅音、后缀以及其他有关拼写规则和方法，并提供了3个记音样品。《达斡尔语记音符号》的字母形式和读音与汉语拼音方案基本一致，未增加新字母和任何添加符号。

《达斡尔语记音符号》字母表：Aa、Pp、Cc、Tt、Ee、Ff、Gg、Hh、Ii、Jj、Kk、Ll、Mm、Nn、Oo、Pp、Qq、Rr、Ss、Tt、Uu、Vv、Ww、Xx、Yy、Zz

《达斡尔语记音符号》有如下说明：1.连写的两个元音字母表示长元音；2.复字母ie表示[e]，iee读为长音[e:]；3.达斡尔语的鄂化辅音用加i表示；4.达斡尔语的唇化辅音用加u表示；5.字母n在词末时读作半鼻音；6.字母g在词中、词末一律读作擦音；7.字母r读作颤音；8.字母j、q、x可同任何元音相拼，在音节末时不带元音；9.字母o、u在词中不同前边的音构成音节时用w分隔。另外对于各种词形变化词缀及其加接词缀的方法都有明确的规定。有关部门还出版了学习《达斡尔语记音符号》的教科书和词典。《达斡尔语记音符号》曾于1986年获得内蒙古自治区哲学社会科学优秀成果奖。

参考文献

Bussmann，Hadumod. 1996. Routledge Dictionary of Language and Linguistics. English version，translated and edited by Gregory P. Trauth & Kerstin Kazzazi. London and New York：Routledge Taylor & Francis Group.

Crystal，David.，A Dictionary of Linguistics and phonetics. Oxford：Blackwell Publishers，1977.

Ivannovskij，A.O.，Obraztsy Solonskogo i Dakhurskogo jazykov. Mandjurica.I[M]. Sanktpeteburg：Imperatorskaja Akademija Nauk. 1894.

N.N.Poppe鲍培著，呼格吉勒图编：《阿尔泰语比较语法》，周建奇译，内蒙古教育出版社2004年版。

Wang，Penglin，Description of Dagur verb morphology[D]. University of Hawaii，1993.

Б.Х.托达叶娃：《达斡尔语》（ДГУРСКИЙ ЯЗЫК），莫斯科科学出版社1986年版。

《达斡尔族简史》编写组：《达斡尔族简史》，内蒙古人民出版社1986年版。

阿尔达扎布：《〈蒙古秘史〉中的达斡尔语同源词》，《蒙古语言文学》1995年第6期。

阿尔达扎布：《达斡尔语带词首辅音h的词》（蒙文），《内蒙古师范大学学报》1994年第4期。

阿尔达扎布：《在达斡尔语中使用着，而在现代蒙古语中已经消失了的〈蒙古秘史〉词汇》，达斡尔资料集第4集，民族出版社2003年版。

巴达荣嘎：《达斡尔语的某些辅音》（蒙文），《蒙古语言文学历史》1959年第10期。

朝克、李云兵：《中国民族语言文字研究史论第1卷》（北方卷），中国社会科学出版社2013年版。

朝克：《达斡尔语中的满—通古斯语借词》，《民族语文》1988年第4期。

朝克：《满通古斯诸语比较研究》，中国社会科学出版社2014年版。

陈乃雄：《蒙古语族语言的词汇》，《内蒙古大学学报》（哲学社会科学版）1988年第1期。

陈乃雄：《中国蒙古语族语言的构词附加成分》，《内蒙古大学学报》（哲学社会科学版）1985年第4期。

陈宗振等编著：《中国突厥语族语言词汇集》，民族出版社1990年版。

陈新义：《中国北方阿尔泰语言语序类型研究》，中国社会科学出版社2015年版。

丁石庆：《达斡尔语名词语法成分的重叠》，《中央民族学院学报》1989年第6期。

丁石庆：《试论达斡尔语的"类指"范畴》，《中央民族学院学报》1991年第5期。

丁石庆：《关于达斡尔语动名词》，《语言与翻译》1993年第2期。

丁石庆：《达斡尔语方言问题研究综析》，《内蒙古师大学报》（哲学社会科学版）1993年第1期。

丁石庆：《达斡尔语方言成因试析》，《齐齐哈尔师范学院学报》（哲学社会科学版）1994年第3期。

丁石庆：《论达斡尔语方言的亚文化特征》，《内蒙古社会科学》（文史哲版）1994年第5期。

丁石庆：《达斡尔语地名的文化透视》，《黑龙江民族丛刊》1998年第2期。

丁石庆：《达斡尔语言与社会文化》，中央民族大学出版社1998年版。

丁石庆：《双语文化论纲》，中央民族大学出版社1999年版。

丁石庆：《双语族群语言文化的调试与重构——达斡尔族个案研究》，中央民族大学出版社2006年版。

丁石庆主编：《莫旗达斡尔族语言现状与发展趋势》，商务印书馆2009年版。

丁石庆主编：《新疆达斡尔族语言现状与发展趋势》，辽宁民族出版社2015年版。

丁石庆主编：《齐齐哈尔市达斡尔族语言使用现状调查研究》，辽宁民族出版社2022年版。

额尔敦套克陶：《达斡尔语构词附加成分》（蒙文），《蒙古语言文学历史》1959年第7期。

额尔敦套克陶：《达斡尔语中的汉语借词》（蒙文），《蒙古语言文学历史》1960年第2期。

恩和巴图：《达斡尔语动词构词附加成分》（蒙文），《内蒙古大学学报》1985年第3期。

恩和巴图：《达斡尔语和蒙古语》，内蒙古人民出版社1988年版。

恩和巴图等编：《达斡尔语词汇》，内蒙古人民出版社1984年版。

恩和巴图等编：《达斡尔语话语材料》，内蒙古人民出版社1985年版。

郭玲丽：《达斡尔语布特哈方言语法研究》，博士学位论文，厦门大学，2015年。

郭玲丽：《达斡尔语的空间范畴》，《中央民族大学学报》2016年第1期。

黄成龙：《蒲溪羌语研究》，民族出版社2007年版。

刘丹青：《语法调查研究手册》，上海教育出版社2008年版。

满都尔图主编：《达斡尔族百科词典》，内蒙古文化出版社2007年版。

梅花：《达斡尔语海拉尔方言元音声学分析》（蒙文），硕士学位论文，内蒙古大学，2009年。

拿木四来、哈斯额尔敦：《达斡尔语句法》，内蒙古师范学院蒙古语专业蒙古语文研究室，1978年。

拿木四来：《达斡尔语名词的领属附加成分》，《民族语文研究文集》1982年。

拿木四来：《达斡尔语谓语人称范畴》，《民族语文》1981年第2期。

欧南·乌珠尔：《达斡尔语言概论》，哈尔滨出版社2004年版。

普忠良：《从空间与方位的语言认知看彝族的空间方位观》，《西南民族大学学报》（人文社会科学版）2015年第4期。

其布尔哈斯、呼和：《达斡尔语布特哈方言讷文土语词首音节短元音声学分析》,《第九届中国语音学学术会议论文集》2010年。

其布尔哈斯:《论达斡尔语布特哈方言的辅音同化现象》(蒙文),《中国蒙古学》2013年第6期。

山田洋平:《达斡尔语四种方言中的辅音k与x的对应的演变》(蒙文),硕士学位论文,内蒙古大学,2012年。

孙竹主编:《蒙古语族语言词典》,青海人民出版社1990年版。

孙文访:《基于"有、是、在"的语言共性与类型》,《中国语文》2015年第1期。

塔娜:《试论汉语对达斡尔语的影响》,《内蒙古大学学报》(哲学社会科学版)1982年第3、4期。

王静如:《关于达斡尔语言问题的初步意见》,《中国民族问题研究集刊第一辑》,中央民族学院研究部,1955年。

王鹏林:《蒙古语族的"宾格附加成分"考察——根据达斡尔语的材料》,《内蒙古师范大学学报》(哲学社会科学版)1983年第4期。

王庆丰:《满语研究》,民族出版社2005年版。

乌云高娃:《论达斡尔语中海拉尔方言词首唇化辅音》,《内蒙古社会科学》(蒙文版)2008年第4期。

武·呼格吉勒图:《阿尔泰语系诸语言表示形容词加强语义的一个共同方法》,《民族语文》1996年第2期。

尹蔚彬:《拉坞戎语的空间范畴》,《语言科学》2014年第3期。

喻世长:《元音和谐中的三足鼎立现象》,《民族语文》1981年第2期。

张松炎、焦潇:《格语法简述》,《读与写杂志》2009年第9期。

仲素纯:《达斡尔语的元音和谐》,《民族语文》1980年第4期。

仲素纯:《达斡尔语简志》,民族出版社1982年版。

周国炎、刘朝华:《布依语存在句研究》,《民族语文》2012年第4期。

附录：达斡尔语构词词缀及其变体形式

一 名词构词词缀

（一）由名词派生名词的构词后缀

	原词	词义	附加成分	新词	词义
1.	mɑl	牲畜	-tʃʰin	maltʃʰin	牧民
	tʰuw ɑ:	锅		tʰuw ɑ:tʃʰin	炊事员
	ɑto:	畜群		ɑto:tʃʰin	牧人
	nawən	嫩江	-tʃʰe:n	nawəntʃʰe:n	讷莫尔人
	kɑ:n	甘河		kɑ:ntʃʰe:n	甘河人
	kʰotʰun	城市		kʰotʰun tʃʰe:n	城市人
2.	xʷat	男亲家	-ɑ:li	xʷatɑ:li	（互为）男亲家
	tʰɑ:r	姑表亲		tʰɑ:rɑ:li	（互为）姑表亲
	patʃ	连襟		patʃɑ:li	（互为）连襟
	pul	姨表亲	-ə:li	pulə:li	（互为）姨表亲
	ujə:l	堂亲，从亲		ujə:li	堂、从（兄弟姐妹）
3.	pəs	腰带	-rtʃʰ	pəsərtʃʰ	肚带
	tʃʰikʰ	耳朵		tʃʰikʰirtʃʰ	耳套
	xələk	肝		xələkrtʃʰ	背心
4.	kʰurpʷ	小绵羔羊	-s	kʰurpus	羔皮
	itʰən	二岁牛犊		itʰərs	二岁牛犊皮
	imɑ:	山羊	-rs	imɑ:rs	山羊皮
	xonʲ	绵羊		xonʲrs	绵羊皮
5.	nuw ɑ:	蔬菜		nuw ɑ: rs	青草

续表

	原词	词义	附加成分	新词	词义
6.	kʰutʃʰ	力气	-nkʰ	kʰutʃʰunkʰ	长工
	kər	火把		kərənkʰ	打架
	tʃoːr	沟道		tʃoːrənkʰ	灶坑
7.	kantʃʰ	单个	-laːn	kantʃʰaːlaːn	独自
	kʰurə:	圆圈	-ləːn	kʰurəːləːn	环圈
8	sɑr	月	-k	sɑriːk	月经

（二）由动词派生名词的后缀

	原词	词义	附加成分	新词	词义
1.	səː-	小便	-s	səːs	尿
	pɑ-	大便		pɑːs	屎；粪
	nəmp-	盖		nəmpəs	被子
	tɑlɑ-	补		tɑlɑːs	补丁
2.	tʰulkʰj-	推	-r	tʰulkʰjur	推东西的工具
	nartʃʷ-	耙		nartʃʷur	耙
	kʰorkʷ-	搅拌		kʰorkʰus	搅动的工具
	pəsləː-	系腰带		pəsləːr	系腰带处
	alkʰʷ	迈步		alkʰur~alkʰut	（马的）步法
3.	tʃʰertʃʰ-	砍，锄	-kʰʷ	tʃʰertʃʰukʰʷ	锄头
	tʰatʰ-	拉，拽		tʰatʰkʰʷ	抽屉
	maltʰ-	搂，扒		maltʰukʰʷ	耙子
	tʰulkʰj-	推	-nkʰʷ	tʰulkʰunkʰʷ	钥匙
	kʰaʃeː-	刷洗		kʰaʃenkʰʷ	锅刷
	kurʃ-	抖动		kurʃinkʰʷ	鱼漂
4.	ɑ:-	住，在	-təl	ɑːtəl	生活
	tʃukj-	对		tʃukjtəl	正确性，合适
	jau-	走	-tul	jautul	步法，事情
	ukʷ-	死		ukʷtul	阴间
	sor-	学		sortul	教养

续表

	原词	词义	附加成分	新词	词义
5.	sanə-	想	-ɑ:	sanɑ:	思想，心眼
	nəmp-	盖		nəmpə:	茅草
	mət-	知道	-ə:	mətə:	知觉，神经
	tʰul-	烧		tʰulə:	柴火
	xor-	关，圈	-e:	xore:	牲口圈
	tʰar-	种		tʰare:	田地
	kʰuʃ-	编		kʰuʃe:	柳条障子
6.	it-	吃	-ʃ	itəʃ	食物
	o:-	喝		o:ʃ	饮料，饮食品
	tʰə:-	装		ʃə:ʃ	装载物
	tʰul	烧		tʰuləʃ	燃料
7.	kʰont-	越	-laʧ	kʰontlaʧ	山嘴子，山顶
	ɑ:-	住，在		ɑ:laʧ	生活
	tʰatʰ-	拉，拽		tʰatʰlaʧ	大绳，长绳
	tʰuʃ-	靠，倚	-ləʧ	tʰuʃləʧ	倚靠物
	xujɑ:-	栓，系		xujɑ:ləʧ	拴绳，系带
	kʰoʧʰ-	包		kʰoʧʰləʧ	包袱
8.	ʃat-	会	-əl	ʃatəl	能力，本领
	xirə:-	诅咒，祝愿		xirə:l	祝词，咒语
	nɑ:t-	玩		nɑ:təl	玩笑
	tʰar-	种植	-il	tʰaril	农作物
	tʰan-	认识		tʰanil	熟人
	pot-	想，算	-ul	potul	想法
9.	ʧalɑʧ-	连接	-ɑ:r	ʧalʧɑ:r	接头，连接处
	pot-	染，涂	-o:r	poto:r	颜料
	xat-	割	-u:r	xatu:r	刀，镰刀
	təlpu-	扇		təlpu:r	扇子
	xəs-	扫		xəsu:r	扫帚
	məlʧ-	比赛	-ə:r	məlʧə:r	比赛
	xult-	冻		xultə:r	霜冻
10.	tɑul-	唱	-ɑ:ʧʰ（in）	tɑulɑ:ʧʰ（in）	歌手
	patʰ-	狩猎		patʰɑ:ʧʰ（in）	狩猎者，猎手
	par-	抓，拿	-e:ʧʰ（in）	pare:ʧʰ（in）	接生婆
	kəl-	驾车		kəle:ʧʰ（in）	驾驶员，车把式
	xərkʰ-	割，切	-ə:ʧʰ（in）	xərkʰə:ʧʰ（in）	骟牲畜者
	tur-	卖		turə:ʧʰ（in）	商人

续表

	原词	词义	附加成分	新词	词义
	xopil-	变	-ka:n	xopilka:n	革命
	pot-	想，算	-lka:n	potulka:n	谋略
	arəltʃʰ-	打仗		arəltʃʰilka:n	战争
	xutul-	动	-kə:n	xutulkə:n	活动
	tʃəʃ-	寄，捎		tʃəʃkən	信
	mat-	增长		matkən	利息
	pəitʃʰ-	狩猎	-lkə:n	pəitʃʰilkə:n	狩猎
	tulə:-	过去		tulə:lkə:n	实践
	pot-	想，算	-kun	potkun	想法，注意，谋略
	mokʷ-	受苦		mokʷkun	困难
	tʰortʰ-	停，站住		tʰortʰkun	稳定性
12.	xa:-	关，堵	-ktʃʰ	xa:ktʃʰ	眼罩，口罩
	a:-	住，在		a:ktʃʰ	生活
	əurkʰə:-	开始		əurkʰə:ktʃʰ	首创人
	tʃarək-	享福	-a:l	tʃarka:l	幸福
	patʰ-	狩猎		patʰa:l	狩猎
	ors-	流	-o:l	orso:l	水流
13.	tʰortʰ-	决定		tʰortʰo:l	决定
	tokʷto-	垫，把		tokʷto:l	炕沿垫板
	itʰək-	相信	-ə:l	itʰkə:l	信用，可靠
	xitʃʰ-	羞	-e:l	xitʃʰe:l	耻辱
	tar-	压，扣	-u:l	taru:l	鱼罩
	arəltʃ	交换	-a:n	arəltʃa:n	买卖
	tʃalətʃ-	连接		tʃaltʃa:n	阶段
	xolp--	连接	-o:n	xolpo:n	婚姻
14.	altʃ-	出名	-e:n	altʃe:n	名声，名望
	murt-	发展		murtə:n	发展
	piltʰ-	溢出	-ə:n	piltʰə:n	湖
	tur-	卖		turə:n	买卖
	at-	拼缀	-a:s	ata:s	拼缀物
	purʲ-	吊面		pure:s	盖布，衣面
15.	momʲ-	生茧	-e:s	mome:s	茧
	ʃitʃ-	粗逢		ʃitʃe:s	绌线
	tʰipkʰ-	钉	-ə:s	tʰipkʰə:s	钉子
16.	ol-	得到	-tʃ	oltʃ	俘虏，利益
	kar-	出去		kartʃ	损失，支出

续表

	原词	词义	附加成分	新词	词义
17.	tas-	治，修	-n	tasən	政治
	pʰait-	排队，布陈		pʰaitən	陈列，行列
	tʃor-	指		tʃorin	目标
	tʰatʃʰ-	教		tʰatʃʰin	教养
	po:ltʃo:-	约会，约定		po:ltʃo:n	约会
	tʰuʃa:	交代		tʰuʃa:n	职务
	tʃa:pu:-	供认		tʃa:pu:n	口供
18.	xinə:t-	笑	-m	xinə:təm	笑话
	na:t-	玩		na:təm	玩笑
19.	tʰol-	顶住	-pur	tʰolpur	窗隔
	xa:-	关，堵	-lpur	xa:lpur	帐幔
	kʰuʃ-	编		kʰuʃilpur	木栅栏
20.	tʰortʰo:-	决定	-pʰun	tʰortʰo:pun	决定
	al-	接受		alpun	呈子
	ula:-	流传下来		ula:pun	传统
21.	pompir-	滚动	-kʰa:	pompirkʰa:	小滚球（玩具）
	aitʃʰil-	串门		aitʃʰilkʰa:	过家家（游戏）
	aila:-	解开		aila:kʰa:	解绳（游戏）
	tʃʰunkur-	滚动	-kʰə:	tʃʰunkurkʰə:	小推轮（玩具）

二 派生动词的构词后缀

（一）由名词派生动词的后缀

	原词	词义	附加成分	新词	词义
1.	kərtʃʰin	证据	-l	kərtʃʰil	证明
	sarin	宴会		saril	举行宴会
	matʃin	木匠		matʃil	做木活
	xotʃo:r	根源，祖先		xotʃo:l	遗传
	natʃir	夏天		natʃil	过夏天
	isu:r	里子		isu:l	上衣服里子
	aiʃ	利益，好处	-il	aiʃil	帮助
	xəkʰj	头		xəkʰil	带头
	xalʲs	薄膜，表皮	-əl	xalʲsəl	生薄膜，长表皮
	xʷə:s	脓		xʷə:səl	化脓
	na:r	顺斜度		na:rəl	变倾斜
	kutʃʰ	朋友	-ul	kutʃʰul	交朋友
	untus	根子		untusul	生根，长根

	原词	词义	附加成分	新词	词义
2.	tɑip	盖子	-lɑ:	tɑiplɑ:	（用盖子）盖
	mʲɑutʃʰɑ::n	枪		mʲɑutʃʰɑ:lɑ:	打枪
	alt	庹		altlɑ	用庹量
	ʃəukʷ	锥子	-lə:	ʃəukʷlə:	（用锥子）锥
	ʃitər	马绊		ʃitərlə:	绊马
	turkʰʷ	带子		turkʰʷlə:	（用带子）系
3.	tɑu	声音	-t	tɑut	读，鸣叫，说话
	kər	火把		kərt	点火把，明火叉鱼
	tʃʰo:r	胡琴		tʃʰo:rt	拉胡琴
	alək	渔网	-tɑ:	aləktɑ:	用网打鱼
	tʰos	油		tʰostɑ:	上油
	karʲ	手		karʲtɑ:	动手抓
	sunkʰʷ	篦子	-tə:	sunkʰʷtə:	用篦子篦
	ləkʰ	磨石		ləkʰtə:	磨（刀）
	in	碾子		intə:	用石碾碾东西
4.	əulən	云	-tʰ	əuləntʰ	布云
	tolke:n	浪		tolke:ntʰ	起浪
	ilɑ:n	光		ilɑ:ntʰ	发光，发光芒
5.	mur	模样	-ʃe:	murʃe:	依模样认出
	antʰ	味道		antʰʃe:	感兴趣，有兴味
	xol	远		xolʃe:	嫌远
6.	tʰuwɑ:	锅	-tʃʰil	tʰuwɑ:tʃʰil	做饭
	xʷatʰik	奴隶		xʷatʰiktʃʰil	当奴隶用
	akʰɑ:	哥哥		akʰɑ:tʃʰil	当作哥哥
7.	lʷɑ:tʃʰ	俄罗斯	-tɑ:tʃʰ-	lʷɑ:tʃʰtɑ:tʃʰ	说俄罗斯语
	monkul	蒙古族		monkultɑ:tʃʰ	说蒙古语
	mokʰun	氏族		mokʰuntɑ:tʃʰ	由氏族会议处置违法者
8.	watʃ	足迹	-mɑ:	watʃmɑ:	跟踪
	nɑ:tʃil	娘家		nɑ:tʃilmɑ:	回娘家
	ɑ:nək	猎营地		ɑ:nəkmɑ:	上山打猎
	nit	眼	-mə:	nitmə:	注视，监视
	pʰəntʰu:	鹿茸		pʰəntʰu:mə:	打鹿茸
	tʃak	衣领		tʃakmə:	揪住衣领
9.	ilkɑ:	花	-nə:	ilkɑ:nə:	眼花，目眩
	kutʃə:	胃		kutʃə:nə:	可怜
	kʲɑ:n	道理		kʲɑ:nə:	讲道理

续表

	原词	词义	附加成分	新词	词义
10.	mⁱɑk	肉	-tʃⁱ	mⁱaktʃⁱ	长胖，变胖
	pajin	富		paitʃⁱ	发财，变富
	ukul	冬天		ukultʃⁱ	过冬
11.	tʰaʃeːn	错误	-r	tʰaʃeːr	错，弄错
	kʰuitʰun	冷		kʰuitʰur	变冷
	tulɑːn	暖和		tulɑːr	变缓和
12.	tʰaulⁱ	谜语	-kʰɑːtʃʰ	tʰaulⁱkʰɑːtʃʰ	（互相）猜谜
	kəltən	摇晃	-kʰəːtʃʰ-	kəltkʰəːtʃʰ	跟跄
13.	usukʷ	话，语言	-ltʃ	usukultʃ	说话
	jatkəni	萨满		jatkəltʃ	萨满跳神
	xatʰtʃai	急躁的		xatʰtʃaltʃ	急躁起来
14.	tʃʰautur	霜	-lpiː	tʃʰauturlpiː	下微霜
	suitur	露		suitulpiː	下小露，变湿润
	xuls	汗		xulsəlpiː	微微发汗
	kʰutʃʰ	力量		kʰutʃʰilpiː	努力，奋力
15.	xəin	风	-s	xəis	刮风
	pair	喜事		pais	高兴

（二）由形容词派生动词的后缀

	原词	词义	附加成分	新词	词义
1.	kətʰkʰun	清楚的	-l	kətʰkʰul	弄清楚
	xar	黑的		xarəl	变成黑的
	xak	急的		xakil	着急，催促
2.	sarteː	老	-lɑː	sarteːlɑː	变老
	olluʃ	斜着身的		olluʃlɑː	斜身子躺
	pʰəːkʰəːs	莽撞的	-ləː	pʰəːkʰəːsləː	冒失，莽撞
3.	sʷal	松的	-t	sʷalt	变松
	xuluː	多余的		xuluːt	变多余，剩余
	xik	大的		xikt	变大的
	moː	坏	-tʰ	moːtʰ	变坏
	talt	晚，迟		talaətʰ	迟，晚
	kərən	糊涂的		kərəntʰ	发疯
	xar	黑	-tɑː	xartɑː	涂黑
	xaluːn	热的		xaluːtɑː	上火，捂热
	ʃotʃul	愚蠢的		ʃotʃultɑː	表现愚蠢
	xultʃeːn	言过其实的	-təː	xultʃeːntəː	虚张声势

	原词	词义	附加成分	新词	词义
4.	xol	远	-ʃeː	xolʃeː	嫌远
	xuluː	多，多余		xuluːʃeː	嫌多余
	moː	坏的		moːʃeː	贬低，预感到不好
5.	təːr	好的	-tʃ	təːtʃ	长进，变好
	kʰatʰən	硬		kʰatʰəntʃ	要强
	pajin	富		paitʃ	发财，变富
6.	xaluːn	热	-tʃʰ	xaloːtʃʰ	热，感到热
	xaltpɑ	溜须		xaltpɑːtʃʰ	溜须
	əːkʰə	娇气的		əːkʰəːtʃʰ	（小孩）撒娇
7.	kəkən	明亮	-r	kəkəːr	天亮
	kʰautʃʰin	旧的		kʰautʃir	变旧
	tulaːn	暖和		tulaːr	变暖和
8.	kʰukʰʷ	绿	-ur	kʰukʰur	变绿，变青
	kʰuitʰun	冷		kʰuitʰur	变冷
9.	sain	好	-kʰaːtʃʰ	saikʰaːtʃʰ	改善，好转
	tʰaulʲ	谜语		tʰaulʲkʰaːtʃ	猜谜
10.	sonin	稀奇的	-rkʰɑ	sonirrkʰɑ	好奇
	ʃinkəːn	稀的		ʃinkərkʰɑː	弄成稀的
	wɑjin	（面）软		wɑjirkʰɑː	弄成软的
11.	xulɑːn	红的	-iː	xʷɑliː	变红
	kiləːn	滑的		kiliː	变滑
	tʃʰəluːr	亮堂的		tʃʰəliː	变亮堂
	tarpɑː	大嘴的		tarpai	变大嘴的
	kʰormoː	眯眼的		kʰormoi	眯眼睛

（三）由动词派生的动词后缀

	原词	词义	附加成分	新词	词义
1.	parʲi-	抓，拿	-mɑː	parʲimɑː	强行做某事
	tar-	压		tarmɑ	赊购
	pəjuː-	打猎	-mə	pəjuːmə	打猎
	tərt-	飞，漂		tərtmə	狗刨式游泳
	ars-	借给（米，粮）	-rmɑ	arsərmɑ	借来（米，粮）
	jolt-	借给（东西）		jolturmɑ	借来（东西）
	tʰaut-	还账		tʰauturmɑ	讨回账，索赔
	tʰoː-	服气	-ʃe	tʰoːʃeː	看得起，猜测
	xar-	看		xarʃeː	看护，照料
	tʰəkər-	相等		tʰəkərʃeː	相配、相比

续表

	原词	词义	附加成分	新词	词义
2.	xarəm-	搂	-tʰɑ:	xarəmtʰɑ:	保护，维护
	ko:ʃ-	栽倒	-ltʰɑ:	ko:ʃltʰɑ:	翻跟头
3.	ərt-	弄坏	-r	ərtər	坏
	xʷɑ:-	干枯	-rt	xʷɑ:rt	干涸，拮据
	tʃi:l-	着急，生气		tʃi:lərt	被迫，着急
4.	akʰ-	烦	-pu:	akʰpu:	烦人，纠缠人
	pʰai-	费心		pʰaipu:	花费，使用
	alʲ-	接受，承受		alʲpu:	上交，呈交
5.	tʃʰi:r-	变紧	-kʰɑ:	tʃʰi:rkʰɑ:	细究
6.	lartʰ-	黏合	-kʰɑ:tʃʰ	lartʰkʰɑ:tʃʰ	缠乎人
	tʃo-	藏		tʃo:kʰɑ:tʃʰ	藏东西游戏
	xorkʷ-	躲藏		xorkʷkʰɑ:tʃʰ	捉迷藏游戏
7.	maurkʰɑ:-	粗缝	-tʃʰ	maurkʰɑ:tʃʰ	粗缝下午
	pʰi:stə:-	耍赖		pʰi:stə:tʃʰ	耍赖下去
	lartʰ-	黏合	-ɑ:ltʃ	lartʰɑ:ltʃ	缠，吊挂，下垂，耷拉
	tʃʰarpʰ-	摇尾		tʃʰarpʰɑ:ltʃ	不断摇尾
	nətʰ-	宽衣，敞胸	-ə:ltʃ	nətʰə:ltʃ	衣服穿得不严

（四）由虚词派生的动词后缀

	原词	词义	附加成分	新词	词义
1.	kʰur kʰur	着火声	-kʰir	kʰurkʰir	呼呼地燃烧
	kʰor kʰor	打呼噜声		kʰorkʰir	打呼噜
	por por	溪流声		porkʰir	溪水潺潺流
	ʃer ʃer	沙沙声		ʃerkʰir	发出沙沙声
2.	pʰar pʰar	喧哗声	-kʲ	pʰarkʲ	发出喧哗声
	nir nir	轰隆声		nirkʲ	发出轰隆声
	ʃɑ: ʃɑ:	唰唰声		ʃɑ:kʲ	发出唰唰声
3.	tʰun tʰun	咚咚声	-kin	tʰunkin	发出咚咚声
	tʰan tʰan	当当声		tʰankin	发出当当声
	ʃarpən ʃarpən ~ʃarpur ʃarpur	狗摇尾状	-ɑ:ltʃ	ʃarpɑ:ltʃ ~ʃarpəʃəltʃ	频频摇尾
	kalpən kalpən ~kalpur kalpur	闪烁状	-ə:ltʃ	kalpəl:tʃ ~kalpəʃəltʃ	频频闪烁
4.	kʰəlpən kʰəlpən	摇晃状	-i:	kʰəlpi:	倾斜
	mortʃʰur mortʃʰur	忸怩状		mortʃʰi:	变歪
	purtʃur purtʃur	碎步疾走状		purtʃi:	驼背，躬腰

续表

	原词	词义	附加成分	新词	词义
5.	tʃʰakʰ	折断	-r	tʃʰakʰər	折断
	kʰoltʰ	崩掉一块		kʰoltʰur	崩掉一块
	əmp	塌陷		əmpər	塌陷
	xak	破，裂		xakər	破裂
	sətʰ	扯破，撕破		sətʰər	出裂口
6.	tʃʰakʰ	折断	-lo:	tʃʰakʰlo:	弄断
	kʰoltʰ	崩掉一块		kʰoltʰlo:	打掉一块
	xatʰ	破裂，破碎		xatʰlo:	打破，打裂
	xak	破裂		xaklo:	辟开，割开
	sətʰ	撕破，扯破	-lə:	sətʰlə:	扯开，撕开

（五）其他构成动词的后缀

	原词	词义	附加成分	新词	词义
1.	无		-l	tə:tul	亲昵（小孩）
2.	无		-tʰ	kʷɑ:rtʰ	喧哗
3.	无		-o:tʃʰil	kokʰo:tʃʰil	公鸡啼鸣
4.	无		-kʰɑ:	ʃopkʰɑ:	悄语
5.	无		-ʃ	konʃ	叨咕
6.	无		-o:	tʰantʰo:	透出，扎通

三　派生形容词的构词后缀

（一）由名词派生形容词的后缀

	原词	词义	附加成分	新词	词义
1.	aiʃ	利益	-tʰi:	aiʃtʰi:	有益的
	nər	名字		nərtʰi:	有名的，著名的
	tʃurkʷ	心脏		tʃurkʷtʰi:	有胆量的
	tʃorin	目标		tʃorintʰi:	特意的
	tʰə:ʃ	装载物		tʰə:ʃtʰi:	载重的
	xir	刀刃		xirtʰi:	锋利的
2.	arkʲ	酒	-ma:	arkʲma:	爱喝酒的
	tankə	烟		tankəma:	爱吸烟的

	原词	词义	附加成分	新词	词义
3.	tʰəu	互相	-tʃʰ	tʰəutʃʰ	好推脱的
4.	tʃorin	目标	-pʰo:	tʃorinpʰo:	有志气的
	ʃarin	世袭		ʃarinpʰo:	继承的，世袭的
5.	xʷar	雨	-lən	xʷarlən	雨大的，涝
6.	ətʃ	记忆	-skun	ətʃiskun	记性好的

（二）由动词派生形容词的后缀

	原词	词义	附加成分	新词	词义
1.	xakər	破裂	-kʰe:	xatʃərkʰe:	破的，裂的
	ərtər	坏		ərtərkʰe:	破了的
	poltʰur	松脱		poltʰurkʰe:	易松脱的
	aj	怕		ajmo:kʰe:	可怕
2.	xitʃʰ	害羞	-mkʰe:	xitʃʃimkʰe:	爱羞的
	tʃʰotʃʰ	受惊		tʃʰotʃʰkʰe:~tʃʰotʃʰimkʰe:	受惊的
	martʰ	忘		martʰkʰe:~martʰəmkʰe:	好忘的
	xətʃʰ	变瘦		xətʃʰimkʰe:	干瘦的，没有膘
3.	wail	哭	-nkʰe:	wailənkʰe:	好哭的
	wantʰ	睡觉		wantʰənkʰui	好睡觉的
	pais	高兴		paisənkʰui	高兴的，乐观的
4.	ʃil	麻木	-nkʲ	ʃilə:nkʲ	慢性的（病）
	tʃi:	伸直		tʃi:nkʲ	伸直的
5.	ma:l	变钝	-nke:	ma:lənke	钝的
	ətʰ	胜		ətʰənke	霸道的
	xult	冻		xultənke	冰冻的
6.	tʃʰotʃʰ	受惊	-nkʰkʰi:	tʃʰotʃʰinki:	易惊的
7.	ʃaltʰ	借口	-kai	ʃaltʰkai	好借口的
8	mortʃʰi:	变歪	-kui	mortʃʰkui	歪的，弯曲的
	tʃultʃi:	歪，斜		tʃultʃkui	歪的，斜的
	soltʃi:	倾斜		soltʃkui	倾斜的
9.	altʃʰi:	叉腿	-kər	altʃʰkər	叉腿的
	kaitʃi:	歪着脖子		kaitʃkər	歪脖子的
	pultʰi:	瞪眼		pultʰkər	瞪眼的

续表

	原词	词义	附加成分	新词	词义
10.	tʰakʰi:	挺胸直腰	-nkir	tʰakʰi:kər~tʰakʰinkir	挺胸直腰的
	pukʰui	躬身		pukʰuikər~pukʰuinkir	驼背的，躬身的
11.	wəːʃ	高升	-kun	wəːʃkun	尊贵的
	waːʃ	变坏		waːʃkun	卑贱的
	ətʰ	胜		ətʰ kun	巨大的
12.	som	隐居	-skun	somiskʰun	秘密的
	tatʃ	跟		tatʃəskʰun	顺从的
13.	tʃʷatʰ	瘦	-aː	tʃʷatʰ aː	瘦的
	wantʰ	睡觉		wantʰaː	糊涂的
	jat	不会做，怕，乏		jataː	瘦的
	jat	不会做，怕，乏	-oː	jatoː	无能的
	sortʰ	醉		sortʰoː	醉了的
	xakʰʷ	堵		xakʰoː	冰封的
	xətʃʰ	变瘦	-əː	xətʃʰəː~xətʃʰeː	瘦的，无膘的
	xul	留	-uː	xuluː	多余的
	kʰatʰ	干		kʰatʰuː	贵的，难办的
	morkʲ	拧	-eː	morkeː	倔的
14.	kʷait	呆久	-aːn	kʷait aːn	慢的
	amər-	休息		amraːn	舒适的
	xal	热	-uːn	xaluːn	热的
15.	it	吃	-lən	itlən	能吃的
	oː	喝		oːlən	能喝的
	jau	走		jaulən	好走绊子的
	xaraː	骂		xaraːlən	好骂人的
	tʰarkʰəltʃʰ	打架		tʰarkʰəltʃʰ lən	好打架的
	kar	出去		karlən	出奶多的
16.	ʃat	会	-mul	ʃatmul	逞能的
	kʰarkʰʷ	剌		kʰarkʰʷmul	刺绣的
	tʰətʃəː	养		tʰətʃəːmul	家养的
17.	tʃʰat	饱	-kʰulun	tʃʰatkʰulun	饱的
	kəs	融化		kəskʰulun	融化的
	pais	高兴		paiskʰulun	高兴，喜盈的

续表

	原词	词义	附加成分	新词	词义
18.	tu:r	满	-kʰʷ	tu:rkʰʷ	满的
	kʰimtʃʰ	掐，挖		kʰimtʃʰikʰʷ	吝啬的
19.	ʃə:r	耍赖	-nkʰʷ	ʃə:rənkʰʷ	好耍赖的
	məmər	贪多		məmrənkʰʷ	贪多的
20.	tʃau	咬	-tkɑ:r	tʃautkɑ:r	好咬人的
	tʃo:	藏		tʃo:tkɑ:r	好藏的
	wɑil	哭		wɑiltkɑ:r	好哭的
	ɑi	怕		ɑitkɑ:r	爱怕的
	xorkʷ	逃跑		xortkuttʃɑ:r	好逃跑的
	tɑure:	模仿		tɑure:tkɑ:r	好模仿人的
21.	sə:	小便	-tkə:r	sə:tkə:r	好尿床的
22.	murkʷ	顶	-tʰə:r	murkutkə:r	好顶人的（牛）
23.	tʷarəl	喜爱	-mo:	tʷarəlmo:	令人喜爱的
	pʰantʃʰ	生气		pʰantʃʰmo:	令人生气的
	sokʰ	腻烦		sokʰmo:	令人腻烦的
	kol	嫌恶		kolmo:	令人恶心的
	jɑt	怕		jɑtmo:	令人生畏的
24.	paltʃʰ	弄脏	-kʰɑ:	paltʃʰkʰɑ:	脏的
	pʲalt-	滑		pʲaltkʰɑ:	滑的
	lartʰ	粘		lartʰkʰɑ:	好粘的，好缠人的
	sortʰ	醉	-kʰo:r	sortʰkʰo:	醉的，醉汉
25.	tʷarəl	喜爱	-mutʰ	tʷarəlmutʰ	值得喜爱的
	utʃ	看		utʃmutʰ	值得看的
26.	ɑi	怕	-rtkʷ	ɑirtkʷ	可怕的
	tʰɑ:l	喜爱		tʰɑ:lərtkʷ	可爱的，令人喜爱的
	kas	悲伤		kaslərtkʷ	可悲的
	tʷarəl	喜爱		tʷarlərtkʷ	令人喜爱的
27.	tʰəu	互相	-tʃʰ	tʰəutʃʰ	好推脱的
	xərəl	吵架		xərltʃʰ	好吵架的
28.	ʃarin	世袭	-po:	ʃarinpo:	继承的，世袭的
	talkun	死皮赖脸		talkunpo:	死皮赖脸的

（三）由形容词派生形容词的后缀

	原词	词义	附加成分	新词	词义
1.	unun	真的	-ki:	ununki:	诚实的
	pɑrtən	傲慢的		pɑrtənki:	有恃无恐的
2.	xulɑ:n	红	-ti:	xulɑ:nti:~xulɑ:ti:	红的
	tʃʰikɑ:n	白		tʃʰikɑ:nti:	白的
3.	tʃorpin	椭圆的	-ltʃe:n	tʃorpultʃe:n	椭圆形的
	ortʰ	长的		ortʰultʃe:n	长形的

后 记

　　本书稿为2015年内蒙古自治区社科规划特别项目"内蒙古文化建设研究工程"（"研究系列"第二批，编号：MZWH2015-3）"达斡尔语概论"的结项成果，经几年的反复修订补充，现在终于要正式出版了。在略感欣慰的同时也有些许遗憾。主要是因本人接手该项目的同时也承担了中国语言资源保护工程民语调研专项任务的调研和管理工作，尤其担任中央民族大学中国少数民族语言资源保护研究中心的常务副主任以来，这项"功在当代，利在千秋"且为目前"世界范围内最大的语言文化工程"中的民语调研专项任务的调研及管理工作占去了我大量的时间和精力，加之繁重的教研任务及学科建设任务，导致我始终无法心无旁骛地全身心投入本书稿的写作。可以说，书稿是在断断续续的撰写和多次修改的进程中逐渐补充完善的。当然，在经过这样的一番经历和岁月打磨之后，许多问题逐渐澄清，诸多想法和观点也愈发清晰，进一步促进了我的思考，也为后续的整合和深度研究打下了扎实的基础。从这个角度来说，我要感谢项目主管单位内蒙古社会科学院的郑重委托和信任，是这个项目圆了我的一个心愿。尤其在此要特别郑重地感谢著名语言学家、我的达斡尔族同胞前辈恩和巴图教授和欧南·乌珠尔先生（已故），我是研习他们的相关论著逐渐成长起来的晚辈，他们的论著是达斡尔语研究领域的经典论著，从他们的论著中我受到诸多启发，可谓受益终生。此外，我还有感谢郭玲丽博士的担当，作为课题组成员，她将多年的田野调查材料尤其是博士学位论文中最精彩的部分作为本书稿的第四章至第七章贡献出来与学界分享，这为本书稿增色不少。

　　书稿出版进程中，得益于中国社会科学出版社责编宫京蕾女士和朱妍洁及周昊等编校人员的严格把关，他们以出版人的热情和严谨态度提供了诸多细节方面的修改意见和建议，使本书稿日臻完善而呈现读者面前，在此特别致谢！

丁石庆

2022年10月8日